DOCTEUR MINIME

LE PARNASSE HIPPOCRATIQUE

RECUEIL DE POÉSIES FANTAISISTES

TIRÉES DE

DIFFÉRENTS AUTEURS PLUS OU MOINS DROLATIQUES

*Sur des Sujets Hippocratiques de genres divers,
hormis le genre ennuyeux*

50 ILLUSTRATIONS DE ROBIDA

> « Mieulx est de ris, que de larmes écrire :
> Pour ce que rire est le propre de l'homme. »
> Dr RABELAIS.
> (Prologue du *Gargantua*.)

PARIS

A. MALOINE, ÉDITEUR

21, 23, 25, PLACE DE L'ÉCOLE-DE-MÉDECINE

1896

LE

PARNASSE

HIPPOCRATIQUE

IL A ÉTÉ TIRÉ DE CET OUVRAGE

Trente exemplaires sur papier des Manufactures Impériales du Japon

NUMÉROTÉS A LA PRESSE DE I A 30

LE TRAITEMENT DU DOCTEUR MINIME

DOCTEUR MINIME

LE
PARNASSE
HIPPOCRATIQUE

RECUEIL DE POÉSIES FANTAISISTES

TIRÉES DE

DIFFÉRENTS AUTEURS PLUS OU MOINS DROLATIQUES

Sur des Sujets Hippocratiques de genres divers, hormis le genre ennuyeux

50 ILLUSTRATIONS DE ROBIDA

> « Mieulx est de ris, que de larmes écrire :
> Pour ce que rire est le propre de l'homme. »
> Dr RABELAIS.
> (Prologue du *Gargantua*.)

PARIS

A. MALOINE, ÉDITEUR

21, 23, 25, PLACE DE L'ÉCOLE-DE-MÉDECINE

1896

PRÉFACE

Interpone tuis interdum gaudia curis.

Ne faut-il pas, dit le proverbe latin, entremêler de temps en temps le plaisir au travail ? Ne devons-nous pas chercher parfois, ainsi que le conseille Hippocrate, la santé dans le rire ? En un mot, le rire a-t-il cessé d'être salubre ?

Telles sont les questions que je pose à mes confrères qui auraient quelques tendances à critiquer les contes plus ou moins gais contenus dans ce recueil.

Je le reconnais franchement, quelques-uns d'entre eux sont grivois, anacréontiques ou gaulois, et je n'hésite pas à déclarer que le premier devoir de la mère sera d'en défendre la lecture à sa fille. Je ne trompe donc personne, mais j'espère que ceux qui aiment la gaieté m'approuveront et que ceux qui la fuient m'excuseront en faveur de l'intention.

Je crains un reproche plus sérieux, c'est d'avoir introduit dans le volume des pièces surannées et ayant déjà figuré dans plusieurs recueils. Cela peut être vrai pour quelques morceaux empruntés aux auteurs du xviiie siècle ; mais je ferai remarquer que j'ai tenu avant tout à réunir tout ce qui, de près ou de loin, se rapproche de la profession ridiculisée par notre grand Molière. J'ajouterai qu'un grand nombre de *Morceaux choisis* sont absolument originaux et inédits. Tels sont l'*Air natal*, la *Précaution*, la *Consultation médico-légale* et plusieurs autres. En ce qui concerne les nombreux emprunts faits à la muse si franche et si médicale de nos aimables confrères Camuset, Gélineau et Cryptogame, j'espère que personne ne s'en plaindra. Je citerais bien encore quelques *Parnassiens* qui ont largement contribué à enrichir ce recueil, et dont la poésie anacréontique a souvent fait les délices de nos réunions pantagruéliques ; mais j'ai peur de blesser la modestie de mes maîtres et amis, M..., G..., B... ; qu'ils se reconnaissent eux-mêmes par ces initiales, et acceptent mes sincères remercîments.

En somme, ce recueil n'a d'autre prétention que de servir de passe-temps à mes confrères et de faire disparaître les nuages qui obscurcissent parfois le front des nobles disciples d'Hippocrate. Puissent ceux-ci le lire avec autant de plaisir que j'en ai eu à le préparer pour eux.

Dr MINIME.

LE PARNASSE
HIPPOCRATIQUE

PROLOGUE

Un grand calculateur des maux de ce bas monde
      Nous dit, hélas! en gémissant,
Que sur la terre il meurt un homme par seconde :
Je le crois ; mais par là, je vois très clairement
Qu'il faut que par seconde il y naisse un enfant.
Pour avoir ce produit, il faut que, par seconde,
Il faut qu'un homme rende une femme féconde.
Une sans y manquer. Mais quoi donc, mes amis,
Tous les grains que l'on sème apportent-ils des fruits ?
Non : vous en convenez ; ainsi donc je poursuis.
            Et je dis
Qu'à ce juste calcul, afin que tout réponde,
Il faut absolument, il faut que dans ce monde.
Bien des couples conjoints soient heureux par seconde.

Cela console un peu : mon cœur se sent flatté,
Quand je vois que, malgré le mal qui nous inonde,
Le bien l'emporte encore ; et que, tout supputé,
La volupté domine et le plaisir abonde.

SUR UNE FILLE QUI AVOIT LA JAUNISSE

   Iris, quelle métamorphose !
   Mon œil ne vous reconnoît point :
   Qu'est devenu votre embonpoint,
   Et ce teint de lis et de rose ?
Voyant dans le miroir un si grand changement,
Profitez au plus tôt de l'avertissement
   Que les justes dieux vous fournissent ;
   Voici le sens de la leçon :
Ainsi que les épis quand les filles jaunissent,
   C'est le vrai temps de la moisson.

La Monnoye.

LA CONSULTATION MÉDICO-LÉGALE

Un médecin fut consulté
Par un tendron d'aimable mine,
Dont un gars avait abusé.
L'homme de l'art qui l'examine
Trouve sous sa simple étamine
Deux grands yeux pleins de volupté,
Certain air de naïveté
Peint sur sa figure enfantine,
Un sein par l'amour agité,
Qui se soulève, se mutine,
Et semble en sa captivité
Appeler une main lutine
Qui lui rende la liberté.
Notre docteur est transporté :
Il lorgne une taille divine,
Des pieds mignons et délicats;
Et ce qu'il voit de tant d'appas
Ne vaut pas ce qu'il en devine.
Avec ces titres de faveur
On peut compter sur la ferveur

LA CONSULTATION MÉDICO-LÉGALE.

Du médecin le plus austère.
Le nôtre, expert et docteur à la fois,
Avait, dit-on, plus d'une fois
Pris ses licences à Cythère.
Enfin, près de la belle assis,
Il veut, sans détours, sans mystère,
De son cas savoir le précis.
« Las ! dit la belle désolée,
Je vais rappeler mon esprit,
Et vous conter comme s'y prit
Le fripon qui m'a violée :
Il avait un air tendre et doux,
La taille la mieux découplée
Et le regard... tout comme vous. »
Notre grave consultant,
Flatté d'avoir les mêmes traits,
En ressent une joie occulte,
Et, rajeuni par tant d'attraits,
S'approche encore un peu plus près
De la beauté qui le consulte.
« Poursuivez ce récit, dit-il,
Car votre affaire m'intéresse.
— Ah! monsieur, qu'il était subtil
Que l'amour inspire d'adresse !
Ses yeux sur mes faibles attraits
Se promenaient avec ivresse... »

Le docteur, qu'un même feu presse,
N'a pas des regards plus discrets.
« Ce n'est pas tout, sa main hardie
Saisit la mienne au même instant. »
Vous sentez, sans que je le die,
Que le docteur en fit autant.
« Ce n'est pas tout, sa perfidie
Méditait un autre dessein,
Et toujours plus audacieuse,
Bientôt sa main licencieuse
Fourrage les lys de mon sein. »
Notre docteur, sur ce modèle,
Glissant une furtive main.
A travers la gaze infidèle,
Enfile le même chemin.
« Ce n'est pas tout : d'un air farouche
A ses feux je veux m'opposer ;
Déterminée à tout oser,
Sa bouche se colle à ma bouche. »
Le docteur que l'exemple touche,
Ravit un semblable baiser.
Ravit? je faux ; on le lui donne.
On feint de n'y pas consentir,
Mais c'est pour mieux faire sentir
Le prix de ce que l'on abandonne.
Femmes, osez me démentir ;

Celle qui jamais ne pardonne
Est trop sujette au repentir.
« Ce n'est pas tout : son feu redouble,
Il me transporte malgré moi;
Les genoux tremblants et l'œil trouble...
Je ne sais plus ce que je vois... »
Le docteur, non moins troublé qu'elle,
Répète une leçon si belle;
Tous deux bientôt perdent la voix :
Tous deux se plongent à la fois
Dans une extase mutuelle.
Notre docteur crut jusqu'au bout
Avoir imité son modèle.
« Ce n'est pas tout... dit la donzelle.
— Comment, diable ! ce n'est pas tout
Qu'avait-il de plus à vous faire ?
Vous m'étonnez, dites, ma chère,
Comment la chose se passa ?
— Eh ! mais voici tout le mystère,
Monsieur : c'est qu'il recommença ! »

✳✳✳

MIDI-RICORD

Parce qu'il n'était pas du Nord.
Le grand docteur qui fit merveille,
Mais gai félibre, de Marseille,
A Paris, Midi c'est Ricord.
Il s'appelait Midi jadis,
Mais, en l'honneur d'un savant homme,
Ce n'est plus ainsi que l'on nomme
L'asile d la syphilis.
Et quand, *ad libitum plebis,*
Le copahu répand son baume,
Le chancre, morbide symptôme,
Flétrit le plus joli pénis.
Syphilis et blennorrhagie
Chacune, ici, se réfugie :
Tel le navire dans un port !
Mercure, copahu, cubèbe,
Adulte, adolescent, éphèbe
Sont là, comme au temps de Ricord.

CRYPTOGAME.

T'ai-je mordu?

LA MORSURE HYMÉNÉALE

Gros-René requérait Collette
Du jeu d'amour, et Collette craignait...
 Quoi donc?... qu'un transport indiscret
 Ne lui fît mal, et la fillette
 Pas n'avait tort, car elle avait
Encor sa fleur : or, cueillez une rose,
 Vous faites souffrir le rosier,
Il n'en dit mot, car point ne peut crier;
 Mais jeune vierge est autre chose.
 A l'instant qu'on cueille sa fleur,
Que le dieu des jardins va boire à la fontaine,

Elle ressent de la douleur :
Il n'est point de plaisir sans peine.
Chacun sait que ce dieu qui préside au jardin
   Aime beaucoup cette grotte magique,
   Ce doux réduit; mais si, dans son chemin,
Il trouve un autre dieu que l'on appelle Hymen,
   Il montre une humeur colérique;
   Car ce dernier, sur son urne placé,
   Dieu de ce fleuve, et nouvel argonaute,
   Défend ses droits, et ce n'est pas sa faute
   Si dans la rixe il est blessé,
Partant vaincu; car l'autre aime à se battre;
   Et comme il est un peu brutal,
Du premier coup il le pourfend en quatre :
Et la pauvrette en souffre. C'est ce mal
   Que craignait la jeune Collette :
Mais Gros-René, la rassurant un peu
Sur ces frayeurs : « Eh bien ! dit la fillette,
   J'y consens, mais si dans ce jeu,
   Comme je le crains, tu me blesses,
Je te mordrai. — Soit. » Et de sa tendresse
   Il commence à prendre le prix,
Puis fait offrande à l'autel de Cypris,
Mais, doucement, crainte de la morsure,
Si qu'il sut mettre à sa fin l'aventure
Sans coup de dent. Lors, d'un air amical,

Gros-René regardant la belle,
Lui dit : « Eh bien ! t'ai-je fait mal ?
— Et moi, t'ai-je mordu ? » dit-elle.

***

LE MAL D'ENFANT

Marthe, en travail d'enfant, promettait à la vierge,
    A tous les saints du paradis,
De n'approcher jamais de ces hommes maudits.
Michelle, cependant, lui tenait un saint-cierge,
D'une grande vertu pour les accouchements.
Elle accouche, et sitôt qu'elle eut repris ses sens ;
    « Hé, mon Dieu, ma pauvre Michelle,
    Dit-elle d'une voix faible,
    Eteignez la sainte chandelle,
    Ce sera pour une autre fois. »

                        RÉGNIER-DESMARAIS.

LA GROSSESSE

Hyacinthe, jeune bergère,
Avec le séducteur Melcourt,
Se laissa choir sur la fougère,
Et... son tablier devint court.
Lors, se livrant la pauvre fille
A ses regrets, à sa douleur,
Elle voulut à sa famille
Cacher l'effet de son malheur.
Il existait dans le village
Un médecin prudent et sage,
Connu par ses savants exploits ;
Elle fut le voir... « C'est dommage,
Lui dit le docteur, je le vois,
Mais, mon enfant, prenez courage...
— Monsieur !... — La nature a ses lois...
De combien êtes-vous enceinte ?
— Hélas ! dit la pauvre Hyacinthe,
Je ne le suis que d'une fois.

Capelle.

LA GROSSESSE

LOURCINE

(CÔTÉ DES DAMES)

Ainsi l'a voulu le destin !
A Lourcine le monopole
De recueillir la vierge folle
Sous le coup d'un mal clandestin.

Et le spéculum est l'engin
Qui la soumet à son contrôle,
Inquisiteur de la vérole,
De la vérole du vagin.

Qu'importe qu'elle fût chérie
O Vénus, ta fille pourrie
Traitée en ce sombre séjour :

Ce n'est plus qu'une vaine forme
Que saupoudre l'iodoforme.
Acre toxique de l'amour
CRYPTOGAME.

SAINT-LOUIS

(CÔTÉ DES HOMMES)

C'est en ce lieu que le malade
Montre l'indélébile sceau
Que l'herpès, à marche nomade,
Imprime sur l'humaine peau.

Le cœur éprouve un dégoût fade :
Sa noire essence du bouleau,
Le nauséeux goudron du cade,
Affectent l'olfactif cerveau.

Et c'est ici que l'on régale
Du frottement contre la gale
L'épiderme où gît l'acarus.

Gale, eczéma, syphilis, dartre,
Soufre, hydrargyre, et sel de tartre
En cet hôpital font chorus.

CRYPTOGAME.

LES COMMANDEMENTS DU MÉDECIN

De grand matin te lèveras
Et sortiras pédestrement.

Les étages tu monteras
Et descendras péniblement.

Les malades visiteras
Et drogueras amplement.

Sans quoi, leur estime perdras
Celle des potards mêmement.

De tes clients, tu ne tueras
Que les mauvais rapidement.

Une fois l'an, tu remettras
Tes notes ponctuellement.

Puis aussitôt tu recevras
Des reproches abondamment.

Mais tes fournisseurs tu devras
Acquitter intégralement.

De tes confrères tu diras
Le plus de mal adroitement.

A la nature attribueras
Tes échecs uniquement.

Mais pour toi seul réserveras
Tous les succès modestement.

Parents, amis négligeras
Et ta femme pareillement.

Car dehors la nuit passeras
Pour une couche fréquemment,

Courbaturé, tu rentreras
Et repartiras prestement.

Quant aux repas, tu les prendras
Si tu le peux et vivement.

Pour distractions entendras
Gémir sans cesse amèrement.

Les excréments inspecteras
Toujours méticuleusement.

D'autres odeurs respireras
Sans sourciller visiblement.

De la vermine ramasseras
Plus que de rentes sûrement.

C'est ainsi que tu passeras
Tous les jours agréablement.

WITKOWSKI.

LE MALADE

Un révérend à face guillerette
Oyoit le cas d'un jeune débauché
Qui s'accusa que gente bachelette
Avoit la nuit entre ses bras couché.
« Combien de fois s'est commis le péché ?
— Trois fois, sans plus, répond le camarade.
— Comment, trois fois, dit le père fâché ;
En une nuit... Vous étiez donc malade ? »

ANONYME.

LES COUCHES MULTIPLES

Un savetier, que Blaise l'on appelle,
Voyant sa femme en humeur d'accoucher,
Lui dit : « M'amour, attends, je vais chercher
Tout de ce pas la voisine Catelle,
Et ne pouvant, sans par trop de chagrin,
Te voir souffrir la douleur d'être mère,
Pendant ce temps, au cabaret voisin
Je vais aller, avec Luc mon compère,
A ta santé boire un verre de vin.
Sus, prends courage et sois prête à bien faire. »
Chez la voisine en hâte il va d'abord;
Puis avec Luc il entre à la *Croix-d'Or*.
« Chopine à douze. » On s'assied, puis l'on cause,
On boit un coup; le vin semble fort bon :
On en boit deux; encor meilleur. « Garçon!
Donne-nous pinte! apporte quelque chose
Pour déjeuner, du fromage, du pain. »
On boit, on mange, on parle du parrain,
Et des bonbons, et puis de la commère,
Et de l'enfant dont Blaise sera père :
On lui choisit d'avance un bon métier,

LES COUCHES MULTIPLES

Qui puisse un jour rendre sa vie heureuse :
Si c'est un fils, il sera savetier :
Pour une fille, on la fait ravaudeuse :
On s'applaudit, on trinque là-dessus,
Luc boit et chante, et Blaise fait chorus.
Arrive alors la voisine Colette
Qui dit à Blaise : « Enfin, l'affaire est faite,
C'est un garçon. — Un garçon ! bon, tant mieux.
Buvons un coup pour l'heureuse aventure ;
Mon petit Blaise apprendra sous mes yeux
Comme un juré traite une remonture.
Mes compliments à ma femme, à l'instant
Je vais la voir et baiser notre enfant. »
Colette sort, on fait venir chopine,
On verse, on trinque, on boit sur nouveaux frais ;
Quand au bouchon entre une autre voisine,
Pour annoncer à Blaise tout exprès
L'accouchement... « On le sait, ma commère.
Interrompit Blaise, en vidant son verre ;
Colette a dit que c'était un garçon
Très bien vivant. — Oui, mais c'est un second.
Quoi ? deux enfants ! — Oui-dà, garçon et fille,
Et la petite est, ma foi, bien gentille,
Bien éveillée et vous ressemble un peu.

— Par saint Crépin, le tour est bon, parbleu,

J'en suis charmé, nous vivrons en famille,
Souhait de prince, accroissement de bien,
Blaisotte un jour sera notre soutien,
Et sous les yeux de mère industrieuse.
Elle apprendra l'art d'être ravaudeuse.
Mes compliments à ma femme, à l'instant
Je vais baiser et l'un et l'autre enfant.
En attendant, prospérité pareille
Mérite bien qu'on boive une bouteille.
Or sus, vidons un troisième flacon.
« *Sangaride, ce jour est un grand jour...* Garçon !
Bouteille à quinze. — Oui, messieurs, tout à l'heure. »
Le bouchon part, on la trouve meilleure.
A la santé de Blaisotte et Blaisot.
De la maman, puis encore du fillot !
Plus que jamais la gaîté se déploie,
Le savetier ne se sent pas de joie,
Il rit, il chante, et boit comme un perdu ;
Quand un voisin, qui n'était attendu,
Entre et lui dit : « Compère, votre femme
Vient d'accoucher d'un troisième poupon.
— Quoi ? d'un troisième enfant ! — Oui, sur mon âme.
— Oui, mais c'est trop. Tudieu ! quelle commère !
Compère, adieu : je décampe soudain,
Elle en fera, parbleu, jusqu'à demain. »

Plancher de Valcourt.

LE MAL D'AVENTURE

    Alison se mourait d'un mal
    Au bout du doigt, mal d'aventure.
    « Va trouver le frère Pascal,
    Lui dit sa sœur, et plus n'endure :
    Ses remèdes sont excellents :
    Il te guérira, je t'assure.
    Il en a pour les maux de dents,
    Pour l'écorchure et pour l'enflure :
    Il fait l'onguent pour la brûlure.
    Va donc sans attendre plus tard,
    Le mal s'accroît quand on recule,
Et donne-lui le bonjour de ma part. »
    Elle va, frappe à la cellule
    Du révérend frère Frappart.
    « Bonjour, mon frère, Dieu vous gard,
    Dit-elle, ma sœur vous salue,
    Et moi qui suis ici venue,
    Lasse à la fin de trop souffrir :

Mais ma sœur vient de me promettre
Que vous voudrez bien me guérir
Un doigt qui me fera mourir...
Ah! je ne sais plus où le mettre.
— Mettez, dit Pascal, votre doigt
Les matins en certain endroit
Que vous savez. — Hélas! que sais-je?
Dites-le-moi, frère Pascal,
Tôt, car mon doigt me fait grand mal.
— O l'innocente créature!
Avez-vous la tête si dure?
Certain endroit que connaissez,
Puisqu'il faut que je vous le dise,
C'est l'endroit par où vous pissez :
Eh bien, m'entendez-vous, Alise?
— Mon frère, excusez ma bêtise,
Répond Alix baissant les yeux :
Suffit, j'y ferai de mon mieux,
Grand merci de votre recette :
J'y cours, car le mal est pressé
— Quand votre mal aura percé,
Venez me voir, Alisonnette,
Dit le frère, et n'y manquez pas. »
Soir et matin, à la renverse,
Elle met remède à son mal :
Enfin l'abcès mûrit et perce.

Alison saine va soudain
Rendre grâce à son médecin,
Et du remède spécifique
Lui vante l'étonnant succès.
Pascal, d'un ton mélancolique,
Lui repart : « Un pareil abcès
Depuis quatre jours me tourmente ;
Vous seriez ingrate et méchante,
Si vous me refusiez le bien
Que vous avez par mon moyen :
Alix j'ai besoin de votre aide.
Puisque vous portez le remède
Qui, sans faute, peut me guérir,
Eh quoi ! me verrez-vous mourir,
Après que je vous ai guérie !
— Non, dit Alix, non sur ma vie,
Je ferais un trop grand péché :
Tel crime... Allons donc, je vous prie,
Guérissez-vous, frère Pascal ;
Approchez vite votre mal. »
A ces mots, don Pascal la jette
Sans marchander, sur sa couchette,
L'étend bravement sur le dos,
Il l'embrasse. — O Dieu ! qu'il est gros !
Dit Alix, quel doigt ! Eh ! de grâce,
Arrêtez... Je le sens qui passe.

— Ma chère Alix, attends un peu,
Je me meurs, souffre que j'achève.
— Ah! reprit Alix tout en feu,
Vous voilà guéri, l'abcès crève. »

Vergier.

LES COUCHES FACILES

Licidas soupirait pour la jeune Isabelle ;
Il l'épousa. Dès la première nuit,
En la caressant, il lui dit :
« J'ai peur que nos plaisirs dans quelque temps, ma belle,
Ne te coûtent bien du tourment.
— Ne crains rien, répartit la naïve femelle ;
Va, mon ami, j'accouche heureusement. »

Lebrun.

LA CURE MERVEILLEUSE

Une fillette de quinze ans
Ressentoit le mal de son âge :
Mal qui tourmente la plus sage,
Mal que guérissent les amans.

Près de notre belle souffrante.
Un docteur vint avec son fils,
Et d'une main sèche, tremblante,
Saisit un bras plus blanc que lis.

Puis, du pouce pressant l'artère,
Il en marqua les mouvemens...
Le fils, plus savant que le père,
Du sein comptoit les battemens.

Mais, après mainte conjecture,
Ouvrant les yeux, le vieux docteur :
« Mon fils, entreprends cette cure,
Le siège du mal est au cœur. »

Il n'épuisa pas son génie
Pour soulager notre tendron :
L'amour étoit sa maladie,
L'amour en fut la guérison.

MARÉCHAL.

LE CATAPLASME

Flaccidité, tiédeur, mollesse humide et douce.
Cataplasme douillet, topique velouté,
Trésor de bonhomie et de sincérité,
Tu caresses encore la main qui te repousse.
Que tu sois de fécule ou de graine de lin,
Que l'opium t'arrose ou que le chloroforme
Apporte dans tes plis l'apaisement énorme,
Tu t'appliques toujours consolant et câlin.
La batiste t'abrite en sa trame serrée.
En dépit du tissu, ton cœur médicinal
S'imprègne avidement de sanie enfiévrée.
A travers le rideau du confessionnal
Ainsi, le prêtre vient, onctueux et banal,
Eponger les aigreurs de notre âme altérée.

CAMUSET.

FRAGMENT SUR LE NEZ

        Tuliacotius,
Grand Esculape d'Etrurie,
Répara tous les nez perdus
Par une nouvelle industrie.
Il vous prenait adroitement
Un morceau du cul d'un pauvre homme,
L'ajustait au nez proprement.
Enfin il arrivait qu'en somme,
Tout juste à la mort du prêteur,
Tombait le nez de l'emprunteur.
Et souvent dans la même bière,
Par justice et par bon accord,
On remettait au gré du mort,
Le nez auprès de son derrière.

                    VOLTAIRE.

UTILITÉ DE LA POSTE

« Mon Dieu ! mon Dieu ! je ne me sens pas d'aise,
Disait Annette à Dumont, son parrain ;
Maman doit accoucher demain.
— Accoucher !... — Oui, ne vous déplaise.
— Mais ceci demande examen.
S'écrie alors le vieux parrain, bon drille ;
Votre père est absent depuis quatre ans, je crois.
— Oh ! cela n'y fait rien, répond la jeune fille ;
Il nous écrit deux fois par mois. »

Brazier.

LE MÉDECIN

Affecter un air pédantesque,
Cracher du grec et du latin ;
Longue perruque, habit grotesque,
De la fourrure et du satin.
Tout cela réuni fait presque
Ce qu'on appelle un médecin.

LE MÉDECIN PÉDANT

SONNET PATHO-MYTHOLOGIQUE

Plaignons l'humble syphilitique
Victime d'un coït malsain :
Le front bas, le regard oblique
Il consulte le médecin !

Docteur, soyez-lui sympathique :
Arrêtez ce mal clandestin
Dont la pourvoyeuse impudique
N'est pas toujours une catin.

O bizarre pathologie
Ici tout est mythologie,
Vénus, Priape et Cupidon.

L'artisan même de la cure
N'est-ce pas le grand dieu Mercure ?
Du spécifique il nous fait don.

Cryptogame.

LE CHAPELIER LUBRIQUE

Un chapelier venait purifier
Sa conscience aux pieds d'un barnabite :
« Çà, mon ami, votre état? — Chapelier.
— Bon. Et quelle est la coulpe favorite?
— Voir la donzelle est mon cas familier.
— Souvent? — Assez. — Et quel est l'ordinaire?
Hem, tous les mois? — Ah! c'est trop peu mon père.
— Tous les huit jours? — Je suis plus coutumier.
— De deux jours l'un? — Plus encor : j'ai beau faire,
A tous moments le plus ferme propos...
— Quoi tous les jours? — Je suis un misérable.
— Soir et matin? — Justement! — Comment diable!
Et dans quel temps faites-vous des chapeaux?

Chamfort.

L'AVORTEMENT

Toi qui meurs avant que de naître,
Assemblage confus de l'être et du néant :
Triste avorton, informe infant,
Rebut du néant et de l'être,

Toi que l'amour fit par un crime,
Et que l'honneur défait par un crime à son tour ;
Funeste ouvrage de l'amour,
De l'honneur funeste victime ;

Donne fin aux remords par qui tu t'es vengé ;
Et, du fond du néant où je t'ai replongé,
N'entretiens plus l'horreur dont ma faute est suivie.

Deux tyrans opposés ont décidé ton sort :
L'amour, malgré l'honneur, t'a fait donner la vie ;
L'honneur, malgré l'amour, te fait donner la mort.

D'Hénaut.

LA CONNAISSANCE DES SEXES

Certain provincial, sortant de son village,
  Vint à Paris; il avait vingt-cinq ans,
  Force de corps, joli visage.
  Il joignit à ces agréments
  Le bonheur d'avoir été sage,
Partant, une santé dont les belles font cas,
Et qu'en ces lieux souvent on ne rencontre pas.
  Hélas! ici l'on est vieux à cet âge!
Avec ces qualités, dont il sentait le prix,
  Il espérait s'avancer à Paris.
  Pour le gros financier Dorante
Il avait une lettre, il court la lui porter.
  Il frappe, on lui dit de monter.
  Dans l'antichambre il se présente,
  Pas un laquais! Il pénètre au salon,
Personne! Il le traverse, et tournant un bouton,
  Il entre et voit (honteux de sa sottise)
  La maîtresse de la maison,
  Jeune, jolie, et passant sa chemise.

LA CONNAISSANCE DES SEXES

Soit peur, soit projet, soit surprise,
Au premier bruit de la porte, soudain
La percale échappe à sa main,
Glisse sur un beau sein qui jamais ne repose,
Et, se formant des échelons
De monceaux de lis et de roses,
Descend enfin jusqu'aux talons.
Dans son étonnement, madame est immobile,
Elle ne songe même pas
A cacher de la main ses pudiques appas,
Ou dans la sombre alcôve à chercher un asile.
Notre provincial alors... de se troubler...
De faire un pas, de reculer.
Il tient sa lettre, enfin il la présente
En disant d'une voix tremblante :
« N'est-ce point à monsieur Dorante
Que j'ai l'honneur de parler? »

C. Vial.

LES COMMANDEMENTS DE LUCINE

Ton fils toi-même nourriras,
Afin qu'il vive longuement !

Autour de lui ménageras,
D'air frais et pur un bon courant !

Avec grand soin éviteras
Tout bruit dans son appartement !

De flanelle le couvriras
Et le tiendras bien chaudement !

Dans le maillot lui serreras
Son petit corps modérément !

Dix fois par jour le laveras,
Afin qu'il vienne proprement !

S'il s'échauffe, toi tu boiras
Deux ou trois tasses de chiendent !

S'il a le flux lui pousseras
D'amidon, vite, un lavement!

Poudre de riz tu lui mettras
Pour le garer du frottement!

Force éponges prépareras,
Pour tous les cas... et accidents!

Sacombe.

LES CAUTÈRES

Tout près d'entrer dans le lit nuptial,
« Pardonnez-moi, disait monsieur Dorval
A sa moitié : mais je ne puis plus taire
Un triste aveu que m'oblige à vous faire
Ma conscience et le nœud conjugal.
— Expliquez-vous. — J'ai... — Quoi? — J'ai certain mal...
Que, jusqu'ici, craignant de vous déplaire,
J'ai cru devoir dérober à vos yeux.
— Vous m'alarmez. — Ce mal me désespère.
— Quel est-il donc ? — C'est, madame, un cautère.
— Un? ce n'est rien; moi, monsieur, j'en ai deux. .

*_{**}

L'AIR NATAL

Je veux vous conter une histoire
Qu'on me conta ces jours passés ;
Libre à vous de ne pas la croire,
Mais elle est drôle, c'est assez.

Un Marseillais, un pur, un de la Cannebière,
    Faisant le commerce à Paris,
    Y demeurait avec son fils,
Jeune homme de quinze ans, aussi laid que son père.
    Le pauvre enfant dépérissait !
    Ce n'était pas excès d'étude,
C'était un maître cancre et pourtant il n'avait
    Aucune mauvaise habitude,
    Car il n'aimait ni les boissons
    Ni les filles ni les garçons ;
Mais il dépérissait.
          Sa mère, fort inquiète,
    Fit venir tous les médecins.
L'un prescrivit le fer, l'autre ordonna la diète,
Celui-ci la rhubarbe et celui-là les bains ;
On lui mit des moxas, un séton, un cautère,
    Il s'en allait toujours en terre,

Rien n'y faisait.
                Enfin on entendit parler
        D'un tout jeune homme de Marseille,
        Docteur-expert de Montpellier,
          Qui dans son art faisait merveille ;
On l'appelle.
                Il arrive et trouve le moutard
        De plus en plus mal à son aise,
        Rendant son âme marseillaise.
        « On me fait venir un peu tard ! »
        Dit-il, en prenant une chaise.
Il regarde l'enfant, il lui tâte le pouls,
Et la mère disait : « Oh ! monsieur, voyez-vous ?
Je n'y survivrai pas s'il faut que je le perde ! »
Après quelques instants de méditation,
        Notre Esculape lui répond :
« Enfermez-moi ce bougre avec six pots de m...
          C'est là votre dernier espoir,
Et dans trois jours d'ici je reviendrai le voir. »
          Le père regarde la mère,
          La mère regarde le père.
On était en juillet.
                On fait ce qu'il prescrit.
        Le malade avait de l'appétit.
« Otez deux pots, dit-il, et donnez un potage ! »
        La joie entre dans le ménage.

Trois jours après, l'enfant est un peu plus dispos.
« Ça va de mieux en mieux; ôtez encore deux pots,
    Mais calfeutrez bien la fenêtre ! »
Enfin, après trois jours, on le voit reparaître.
    L'enfant était tout rose et le printemps
      N'a pas de tons plus éclatants;
Mais la chambre infectait à vous donner la peste.
« Votre enfant est sauvé, qu'on emporte le reste. »
Lors, la mère lui dit : — Quel était donc son mal?
— Il avait simplement besoin de l'*air natal !*

✻ ✻ ✻

LA FÉCONDITÉ

    Chacun de vos enfants, Lucile,
    Jusqu'ici fut par moi fêté.
    Votre énorme fécondité
    A la fin me rendra stérile.
    Vainement vous me recherchez;
    Mon faible talent se refuse :
    Oui, par ma foi, vous accouchez,
    Plus facilement que ma muse.

✻ ✻ ✻

LA FÉCONDITÉ

Il est mort!

LA VISITE ACADÉMIQUE

Pour entrer à l'Académie
Le docteur X... allait trottant.
En habit de cérémonie,
De porte en porte visitant,
Sollicitant et récitant
Une banale litanie,
Demi-modeste, en mots choisis.
Il arrive enfin au logis
Du doyen de la compagnie;

Il monte, il frappe à petits coups.
« Hé, monsieur ! que demandez-vous ?
Lui dit une bonne servante
Qui tout en larmes se présente.
— Pourrai-je pas avoir l'honneur
De dire deux mots au docteur ?
— Las ! quand il vient de rendre l'âme ?...
— Il est mort ?... — Vous pouvez d'ici
Entendre les cris de madame ;
Il ne souffre plus, Dieu merci.
— Ah ! bon Dieu, je suis tout saisi !...
Ce cher... ah ! ma peine est si forte... »
Le candidat, parlant ainsi,
Referme doucement la porte,
Et sur l'escalier dit : « Je vois
Que l'affaire change de face :
Je venais demander sa voix ;
Je m'en vais demander sa place. »

ANDRIEUX.

Après avoir pris médecine.

L'APOTHICAIRE PHYSIONOMISTE

On raconte qu'un médecin
Se promenant un beau matin,
Après avoir pris médecine,
Espérant de sortir au plus tôt d'embarras.
A peine avait-il fait cent pas
Que fortement à la sourdine,
Certain besoin se fait sentir,
Au point qu'il n'a pas le loisir
D'aller à l'aisance voisine;
Certes, le cas était pressant.
Le jeune homme en connaît l'urgence;
Aussi sur-le-champ sa prudence
Lui suggère un expédient.

Pour ne point gêner la nature
Et n'être point connu céans.
Il tourne le dos aux passants,
Afin de cacher sa figure.
Sans être connu du plus fin,
Il eût mis son ouvrage à fin ;
Mais un maudit apothicaire
D'assez loin l'ayant aperçu,
S'écria : c'est monsieur Vilaire !
Je le reconnais à son c...

Debacq.

VIERGE ET MARTYRE

Cloris, que vous êtes sotte ;
Pendez le rosaire au croc,
Le paradis vous est hoc
Sans faire tant la dévote.
S'il est vrai que votre époux
Est impuissant et jaloux,
Cela vous doit bien suffire :
Vous êtes vierge et martyre.

Antoine Furetière.

LE MERCURE ET LE MARSEILLAIS

Ricord guérit un jour un enfant de Marseille.
Son ami, Parisien, lui racontait tout bas :
— De Mercure j'ai bu la petite bouteille ;
Un thermomètre, hélas ! ne me suffirait pas...
— Z'en ai bu plus que toi peut-être ; au moins deux litres,
   Dit le Marseillais crânement.
Quand z'entre par hasard dans un appartement,
Rien qu'en soufflant dessus, moi z'étame les vitres ?...

       * * *

LA GOUTTE

Notre orteil est ton but, adversaire divin,
O champagne ! — et toujours tu nous vaincs dans la lutte.
Ce qu'Hugo dit de l'eau peut se dire du vin
Perle avant de tomber et « goutte » après la chute.

       * * *

TRAITEMENT DE LA STÉRILITÉ

Paul voyant sa femme stérile,
Pensait à la répudier,
Ou mieux à se démarier,
Quand un horloger de la ville,
Habitant le même quartier,
Dans le but de se rendre utile,
A l'épouse jeune et docile,
Propose, un matin, d'essayer
Un biais pour tout concilier.
— De votre mal je sais la cause :
Or, Hippocrate nous l'a dit
(Et c'était un garçon d'esprit),
Mal compris est fort peu de chose,
Avec un rien on le guérit...
Voici donc comme je démontre
Que je connais bien votre cas :
Tenez, voyez-vous cette montre,
Pourquoi ne marche-t-elle pas ?...
C'est que votre clef n'est pas faite
Pour s'adapter juste à son joint ;

Un artiste expert en apprête
Une qui va de point en point ;
Aussitôt la chose est facile ;
En la remontant tous les jours
D'une main ferme, adroite, habile,
On aura sûrement l'heure exacte toujours...
Si vous demeuriez incrédule,
Je saurais prouver promptement
Que, pour femme, montre ou pendule,
Le tout est de savoir donner le mouvement...
O vous, esprits profonds qui lirez cette histoire,
Vous me croirez si vous voulez,
Mais cette femme, c'est notoire,
Chaque an à son mari fit voir de nouveaux nez.

***

LE CLOU

Un clou, c'est un volcan sous-cutané. — Le derme,
Tissu d'un caractère à la fois souple et ferme
A souvent des accès de colère et d'humeur.
En un point mal placé l'indiscrète tumeur
Eclôt presque toujours ; tantôt, c'est au derrière,
Et tantôt sur le chef, position altière.
Pendant deux ou trois jours, cela marche encor bien.
On se dit à part soi : « C'est-z-une mouche, un rien ! »
Mais bientôt, par l'afflux du plasma qui chemine,
Le petit clou s'étend, rougit et s'acumine.
De sourds élancements révèlent ses progrès.
On s'irrite, on voudrait s'en débarrasser. Mais
L'art doit céder le pas aux lois de la nature,
Et cette tendre mère exige qu'un clou dure
Un septénaire au moins et deux au maximum,
Malgré l'onguent Canet, malgré le diachylum,
Malgré la fleur de riz, malgré les cataplasmes.
Tous les médicaments sont rêves et phantasmes.
La douleur s'accentue et le derme est en feu.
Le passif ganglion se met parfois du jeu.

Cependant, au sommet de la tumeur cuisante,
Le pus réuni forme une aire verdoyante
Où le bourbillon gît sous les tissus gonflés,
Triste et sordide amas de débris sphacélés !
L'humanité gémit que l'art lui vienne en aide,
Entre deux doigts étreint, le clou pâlit ; il cède,
Et soudain, s'échappant comme des écoliers,
Le pus, le bourbillon jaillissent les premiers ;
Puis des vaisseaux rompus un sang vicié coule,
Comme l'ardente lave aux flancs du volcan roule,
Le cratère est béant ; mais ses contours à pic
Vont s'unir, protégés par l'emplâtre au mastic,
Et l'inflammation, abandonnant la place,
Reparaitra bientôt sur l'humaine carcasse.

CAMUSET.

A UNE JEUNE FILLE
ATTEINTE D'ACNÉ PUDENDI

A Flore elle a fait un larcin
C'est un parfum en miniature,
Elle a des roses dans la main
Et des boutons sur la figure.

A. DUMAS fils.

LES APOTHICAIRES DE 1793

Dans l'enclos si fameux de notre bon Paris,
On changea les bourgeois en tigres aguerris.
Tous les corps et métiers étaient armés de piques,
Et Dieu sait quels soldats, tous soldats angéliques !
On avait oublié tous les apothicaires.
Ce grand corps réclama ses droits de citoyens
Pour garder, soi-disant, et la ville et les biens,
Ils venaient un peu tard ! mais on leur dit : Nos frères,
Votre poste sera de garder les derrières.

* * *

RICORDIANA

Elle eut son temps de vogue ; on l'appelait Titine.
Maintenant, décatie, on la soigne à Lourcine...
    Qui s'en souvient encor ?

MORALITÉ
A tout péché, misère et Ricord.

* * *

LES APOTHICAIRES DE 1793

CONSEIL AUX BUVEURS D'ABSINTHE

Versez avec lenteur l'absinthe dans mon verre,
Deux doigts, pas davantage ; — ensuite saisissez
Une carafe d'eau bien fraîche : puis versez,
Versez tout doucement, et d'une main légère.
Que petit à petit votre main accélère
La verte infusion : puis augmentez, pressez
Le volume de l'eau, la main haute : et cessez
Quand vous aurez jugé la liqueur assez claire,
Laissez-la reposer une minute encore,
Couvez-la du regard comme on couve un trésor :
Aspirez son parfum qui donne le bien-être !
Enfin, pour couronner tant de soins inouïs,
Bien délicatement prenez le verre, — et puis
Lancez, sans hésiter, le tout par la fenêtre !

***

CHLOROSE

Je ne veux pas savoir le nombre d'hématies
Que la chlorose avare a laissé dans ton sang ;
Je ne veux pas compter sur ton front languissant
Les pétales restés à tes roses transies.
Pauvre enfant ! le nerf vague aux mille fantaisies
Donne seul à ton cœur son rythme bondissant ;
Seul il rougit parfois ton visage innocent
De l'éclat sans chaleur des pudeurs cramoisies,
Pour le dompter, veux-tu connaître un moyen sûr !
N'épuise plus en vain les sources martiales,
Mais laisse-toi conduire aux choses nuptiales,
Au soleil de l'amour, ouvre tes yeux d'azur,
Suis la loi ; deviens femme, et qu'en ton sein expire,
Dans les blancheurs du lait, la pâleur de la cire.

Camuset.

LA PRIÈRE DES VÉROLÉS

Pater noster, très glorieux,
Nostre Saulveur, comme je croy,
N'oublie pas les verolleux
Qui dressent leur prière à toy,
 Qui es in cœlis.

Sire, nous souffrons de grands maulx,
Et croy, si ne nous amendons
De nos péchez et nos deffaulx,
Fauldra par force que ton nom
  Sanctificetur.
Les médecins ne voyent goutte
Et ne nous laissent ung denier,
Et nous avons si fort la goutte
Que presque il nous fault regnier [1]
  Nomen tuum.
J'ay essayé maint médecin,
Autant que jamais jeune filz.
Et si ai ulcères sans fin ;
Encore me double que pis
  Adveniat.
Nous te disons tout nostre cas ;
Donne-nous donc ce qui nous fault
Non pas au ciel, mais ici-bas ;
Car tu gardes bien le très hault
  Regnum tuum.
Mais tu t'en ris et nous escouttes ;
Et nous souffrons en ce martyre
Rognes, chancres, gale et gouttes.
Tant qu'à la fin nous fauldra dire :
  Fiat voluntas tua.

[1] Pour renier.

LA PRIÈRE DES VÉROLÉS

Si l'on avoit jamais la guerre,
. . . .
Je croy que çà bas à la terre
Ferait aussi bon habiter
    Sicut in cœlo.

Ne sçay si ce mal vient des femmes :
Accolé en avons de belles,
Chamberières, bourgeoises, dames,
Sur les bancs et les escabelles
    Et in terra.

Si bien nos plaisirs avons pris,
Sans avoir crainte de malheur :
Mangeons maintenant en mespris,
En povreté, honte et dolleur,
    Panem nostrum.

Et si c'estoit fièvre quartaine,
Deux jours repos nous laisseroit,
Pour reprendre un peu notre haleine ;
Mais ce villain mal cy nous hait,
    Quotidianum.

Si tu as point quelque oignement,
Pour nous bien guérir et soubdain,
Je te supplie très humblement
Que n'actendes point à demain ;
    Da nobis hodie.

Sans faire à personne de tort,
Donne-nous, par ta grant bonté,
Ung beau saufconduit contre mort
Avec force argent et santé.
  Dimitté nobis.

Des mises avons faict pour tien
Si grandes qu'on devrait l'essayer,
Si nous vendons tout nostre bien,
A grand'peine pourrons-nous payer
  Debita nostra.

Si cette infâme maladie
Venoit à tous en général.
Point ne en porterions envie,
Quant ung chacun auroit du mal
  Sicut et nos.

Nous voyons voluntiers les dames
Et les faisons bien festoyer;
Mais, quant sont villes et infâmes.
Je ne les osons pas toucher;
  Dimittimus.

Nous empruntons aux Allemans.
Ne nous en chault mais que en aye.
Argent pour avoir oignemens;
Nous faisons respondre de paye
  Debitoribus nostris.

LA PRIÈRE DES VÉROLÉS

Nous faisons veulx à sainctz et sainctes
Pour garder nostre humanité,
Et faisons à ton fils nos plainctes;
Mais si ne veult qu'ayons santé
    Et ne nos.

Il y a des femmes joyeuses
Et des autres qui sont rebelles,
Et la plupart sont amoureuses;
Mais nous te prions que les belles
  Inducas in tentationem.

Il y en a de verolleuses
Ou bien gouteuses pour le moins;
Je te supplie, de ces rongeuses
Ne nous metz pas entre leurs mains,
  Sed libera nos a malo

Te supplions ainsi que soyons à delivre
Et nous gard place en paradis,
Et en ce monde nous délivre
Et que ne soyons plus icy.
    Amen.

TABLEAU ANATOMIQUE

Du plus beau des petits endroits,
    Lise est propriétaire :
Son petit bien est à la fois
    Forêt, île et parterre.
On y voit buissons et gazons,
    Bois et mille autres choses.
Même, dans ces jolis buissons,
    On voit fleurir des roses.
Sur les roses de ce réduit
    Phébus est sans puissance ;
Mais l'astre argenté de la nuit
    Préside à leur naissance.
Lise sait l'instant non trompeur
    Qu'elles seront écloses,
Et reçoit toute sa fraîcheur
    De l'éclat de ces roses.
Elles ne tiennent rien de l'art,
    Mais tout de la nature ;
Elles brillent loin du regard
    Et naissent sans culture.

Lise, dont l'esprit est prudent,
    Et qui n'est point pressée,
Attend, pour arroser le champ.
    Que la fleur soit passée.
C'est ainsi que Lise entretient
    Cette île fortunée,
Où le temps des roses revient
    Douze fois dans l'année;
Mais, n'en déplaise cependant
    A leur source divine,
Ces roses pour un amant,
    Ne sont pas sans épines.
Conserve ce bien précieux,
    Ce charmant héritage,
Lise : ce sont les petits lieux
    Qu'on aime davantage.
Dès longtemps je te l'ai prédit,
    Tel est l'ordre des choses :
Si ton domaine s'arrondit,
    Hélas! adieu les roses.

LALLEMAND.

LA FEMME COMPATISSANTE

« Je viens vous conter mon chagrin,
  Dit Perrette à son médecin ;
  Mon mari devient asthmatique. »
  Notre Esculape lui réplique :
« Rassurez-vous ; on voit cette espèce de gens
  Souffrir beaucoup, mais vivre très longtemps ;
Pour s'en débarrasser il faut qu'on les assomme. »
     Perrette aussitôt s'écria :
   « Monsieur faites que mon pauvre homme
   Souffre le moins qu'il se pourra. »

Houllier de Saint-Rémy

ÉPITAPHE DE M. CHEVREUIL

Ci-gît Chevreuil, docile à cet avis du sage :
Dans tout ce que tu fais hâte-toi lentement,
Pour gagner l'autre monde alla tout doucement,
Et mit cent ans et plus à faire le voyage.

Monsieur et Madame Gervais.

LA MAGALANTHROPOGÉNÉSIE

MADAME GERVAIS

Qui frappe à cette heure à ma porte?

MONSIEUR GERVAIS

C'est moi, madame...

MADAME GERVAIS

Allons, j'y vais...
Mon Dieu, quelle ardeur vous transporte?
Y pensez-vous, monsieur Gervais?

MONSIEUR GERVAIS, *montrant à M*^{me} *Gervais un volume qu'il tient en main.*

Le feu qui près de vous s'allume
Luira dans la postérité :

Nous pouvons, avec ce volume,
Faire un grand homme à volonté.

MADAME GERVAIS

Allons, mon cher, je me dévoue :
Savez-vous bien votre leçon ?
Je voudrais voir, je vous l'avoue,
Un savant de votre façon.

MONSIEUR GERVAIS

Parmi ces esprits qu'on renomme
Chacun a ses talents divers :
Convenons d'abord du grand homme
Qu'il faut donner à l'univers.
Faisons un esprit de lumière,
Un astronome audacieux...

MADAME GERVAIS

Qui, perché sur une gouttière,
Se croie un habitant des cieux.

MONSIEUR GERVAIS

Justement ; voici notre affaire.
Naissez, illustre rejeton...

MADAME GERVAIS

Non, non ; vous auriez peine à faire
Mieux que La Grange ou que Newton.

MONSIEUR GERVAIS

A Galien j'ai bien envie
Que nous donnions un successeur.

MADAME GERVAIS

Je craindrais de perdre la vie
En mettant au jour le docteur.

MONSIEUR GERVAIS

Un philosophe a son mérite.

MADAME GERVAIS

Y pensez-vous, monsieur Gervais?

MONSIEUR GERVAIS

Eh bien, faisons donc un jésuite...

MADAME GERVAIS

Fi donc! monsieur, fi donc!... jamais.

MONSIEUR GERVAIS

Un héros?

MADAME GERVAIS

Qu'en voulez-vous faire?

MONSIEUR GERVAIS

Un émule de Cicéron?
Un poète comme Voltaire

MADAME GERVAIS

J'irais accoucher en prison.
Guerre et malheur à l'homme habile
Dans ce siècle ignare et falot?
Pour qu'il soit heureux et tranquille,
Décidément faisons un sot

***

LES DEUX DOCTEURS JUMEAUX

« Est-ce ici qu'habite le docteur ?
— Lequel ? monsieur, car ils sont deux.
— Celui dont la fortune immense...
— Ils sont très riches tous les deux.
— Je demande celui dont la haute stature...
— Ils ont près de six pieds tous deux.
— C'est celui dont la femme, aussi fraîche que rose..
— Ils ont femme jeune tous deux.
— C'est le cocu, pour terminer la chose...
— Eh ! monsieur, ils le sont tous deux. »

GOBERT.

Ah! friande!

LA FRIANDISE MÉDICALE

Ces jours passés, la dévote Céphise
Vint s'accuser aux pieds d'un capucin
D'avoir conçu, par ses regards surprise,
Pour certain homme un amour libertin.
Incontinent, le prêtre lui demande :
« Et de quel rang est celui qui vous plaît?
Est-il avocat, procureur, avoué?...
— Non. — Qu'est-il donc? — Médecin. — Ah! friande! »

Pothier de Bièle.

L'INGÉNUE HERMAPHRODITE

« Maman, disait Eléonore,
Jeune, charmante, et neuve encore
Plus je m'instruis, plus je vous plais...
Hermaphrodite est-il français ?
Et dans ce cas, que veut-il dire ? »
Maman, trop sage pour en rire,
Se recueille et rêve un instant :
« Ce terme-là, ma chère enfant,
N'est pas commun... Il signifie
Fillette, comme on en voit tant,
Qui n'est ni laide ni jolie. »
Ceci pris pour argent comptant,
Le lendemain Eléonore,
S'entendant comparer à *Flore*
Par un empesé président,
Aussi libertin qu'hypocrite :
« Monsieur, vous vantez mon mérite,
Dit notre *Agnès* en minaudant,
Je suis, au plus, hermaphrodite. »

De La Place.

L'INGÉNUE

UN REMÈDE CONTRE LA BOULIMIE

On cherche quelquefois bien loin la vérité,
Le meilleur d'un remède est la simplicité.
Un gros Alsacien un jour vint tout chagrin
  Demander conseil à son médecin.
« L'estomac ne va plus, je ressens des lourdeurs,
« Malgré que je ne sois, maintenant, gros mangeur. »
L'Esculape le tâte et puis après l'ausculte
Sans rien trouver d'atteint, enfin il le consulte :
« Le matin, sans doute, vous ne pouvez manger ?
« — Mais si, Docteur, d'abord, pour me réconforter
« Je prends en m'éveillant une soupe au gruyère,
  « Puis quelques bocs après,
« Cinq, six, quelquefois sept, mais jamais davantage ;
« Il faut bien, n'est-ce pas, qu'un peu je me ménage
« Rapport à mes lourdeurs, mes pesanteurs. » —
        « Parfait !
« C'est alors à midi que vous ne mangez point.
  « — A midi ! mais mon embonpoint
  « Exige un succulent repas
« Et je suppose bien que vous ne me blâmez pas

« Six bonnes saucisses de choucroute entourées
   « Lorsqu'elles sont bien arrosées
   « De sept, huit bocs, dix quelquefois
     « Mais là, pas davantage!
« Je ne puis plus, hélas! supporter le breuvage.
    « — Peste! dit le praticien,
« Vous vivez, je le vois, en bon Alsacien.
« Mais, alors, vous ne mangez pas le soir ?
« — Comment! et le dîner, je voudrais vous y voir,
« C'est à ce seul repas que mon pauvre estomac
« Peut enfin avaler son flacon de cognac,
    « Donnant sa vertu digestive
     « A mes entrailles maladives.
« Il faut vous dire aussi qu'avant d'aller dormir,
« Tous les soirs au café, je suis vraiment bien sage,
« Je ne bois que huit bocks, mais là! pas davantage.
« Vous le voyez, docteur, avec soin je m'observe
    « Et rien ne me préserve
    « Je ressens des lourdeurs
    « Et puis des pesanteurs,
« Eh bien! malgré tout je me sens agonir.
« — Très bien, fait le docteur, je vois ce qui convient;
Je suis, de votre mal, maintenant convaincu;
   De vous guérir, il n'y a qu'un moyen
Mon ami, c'est d'avoir un second trou du c...! »

G. M.

LE PRIX D'UN ŒIL

Un harpagon, en courant par la ville,
Par le serein eut un œil de perclus ;
Un médecin, docteur vraiment habile,
Pour le guérir demanda cent écus.
« L'ami, dit le richard, quelle erreur est la vôtre ?
Il ne faut pas deux yeux pour gagner son cercueil.
    Moi ! vous compter cent écus pour un œil !
      A ce prix, je donnerais l'autre. »

           ***

LA DIGESTION

  A son évêque, un jour, le gros Lucas
  Disait, en étendant les bras :
« Boire, manger, dormir et ne rien faire...
Le doux métier ! Que je le ferais bien !
« — Faquin ! lui dit le prélat en colère,
La digestion ! la comptes-tu pour rien ! »

           ***

UNE PLAISANTERIE D'ACCOUCHEUR

Un mari pleurait pour sa femme,
Voyant qu'en travail elle était
Et que si fort elle pétait
Qu'elle allait presque rendre l'âme.
Comme elle jetait les hauts cris,
L'accoucheur avec un souris,
Dit pour consoler l'accouchée :
« Vous êtes, madame Nanon,
Bien avant dedans la tranchée,
Puisque vous tirez le canon. »

***

LA TÊTE ET LES DENTS

En parcourant le sanctuaire
Qui renfermait jadis les cendres de nos rois,
Martin racontait à François
Du patron saint Denis l'histoire mortuaire.

« Honni, les bras liés, des hommes inhumains
Le condamnant, dit-il, par un arrêt injuste,
  Lui tranchèrent sa tête auguste,
  Qu'il prit aussitôt dans ses mains...
— Ceux qui t'ont dit cela t'ont pris pour une bête,
  Lui dit François, ou bien tu mens ;
Les bras liés, comment ramassa-t-il sa tête ?
  — Mais c'est tout simple, avec ses dents »

           ***

LA COUCHE

Belle Philis, couchez-vous à mon gré,
Je ne suis pas pour rien prêtresse de Lucine,
  Et de vos maux je vous délivrerai.
— Ouf ! oh ! quelle douleur ! Cet enfant m'assassine,
Plût au ciel qu'il sortît ainsi qu'il est entré !
  — Vous attendez un garçon ? — Ventrebille,
  Vous l'avez dit, et je crois qu'il sera,
Ainsi que mon époux, l'homme de la famille.
Allons, madame, allons ! — L'enfant vient, le voilà !
— Eh bien ! madame ? — Hélas ! — Quoi donc ? — C'est une fille.
  — Je n'en veux point, remettez-la !

          P<small>IIS</small>.

LA SCOLIOSE

      Dans une église de village,
     Avec grand bruit, grand étalage,
A son lourd auditoire un curé démontrait
Que l'ouvrage d'un Dieu ne peut qu'être parfait.
Un bossu qui, pour lors, écoutait ce bon père,
     Ne trouvait pas cette morale claire;
Et, loin de partager de si beaux sentiments,
      Disait tout bas entre ses dents :
« Ma foi, s'il me voyait il dirait le contraire. »
     Il attend donc la fin de ce sermon,
Et court à son pasteur, au sortir de l'église :
     « Mon père, lui dit-il, pardon
     Si je vous dis avec franchise
Que je ne suis pas, moi, de votre opinion.
Vous nous avez fait voir, avec grande éloquence,
En tout ce que Dieu fait sa sage prévoyance :
Eh bien ! regardez-moi, voyez-vous sur mon dos
     Cette ridicule éminence
     Qui me rend semblable aux chameaux,
     Et des enfants de ces hameaux

Me fait montrer au doigt, quand je viens à paraître ?
    Pouvez-vous trouver cela bien ?
    — Mon ami, lui répondit le prêtre,
Pour un bossu parfait, il ne vous manque rien. »

                                    SALVAING.

LE DÉLAI LÉGAL

    La veuve d'un paralytique,
Deux mois après qu'il eut fermé les yeux,
Malgré les mœurs et malgré la critique,
D'un autre hymen voulait former les nœuds.
Le magistrat qui reçut sa demande,
Scandalisé, lui dit : « Belle Normande,
« Quelle fureur ! apprenez que les lois
« Veulent au moins un délai de dix mois ;
« Ainsi, calmez trop prompte fantaisie. »
La veuve alors, sans se déconcerter,
Lui répondit : « On pourrait bien compter
    Les huit mois de paralysie. »

                                      * * *

LA FIN D'UN RÊVE

Je la voyais dès l'aube assise à sa fenêtre,
Un peu pâle, jolie, et l'ignorant peut-être ;
Les rideaux entr'ouverts montraient son fin profil,
Et le petit doigt blanc qui relevait le fil
Avec un geste brusque. Elle travaille active,
Elle est pauvre, sans doute : or il faut bien qu'on vive.
Et je la vois parfois sourire en contemplant,
Sur son poing minuscule, un petit bonnet blanc
Tout mignon, qu'elle coud d'une aiguille fiévreuse.
Et moi, j'imaginais toute une histoire heureuse :
Un amant qu'on adore, et qui revient très tard
De son travail, et puis... et puis un gros moutard
Qu'une bonne nourrice élève à la campagne,
Dans un hameau perdu de la Basse-Bretagne.
Un gros gars qui vient bien, et qui coûte déjà,
Mais dame, savez-vous qu'il a grandi ? Voilà
Qu'il va sur ses trois ans, ma foi, c'est presque un homme.
Puis il est gentil ! C'est André qu'on le nomme.
Du nom de son papa. C'est pour lui, le bonnet,
Le beau bonnet tout neuf, à jour, en cordonnet,

Qu'elle termine en hâte...

     Et puis chassant mon rêve
Comme un ballon d'enfant qu'un coup de vent enlève,
La portière m'apprit, en bavardant un soir,
Que le petit bonnet était un suspensoir.

         ★ ★ ★

DÉSIR DE FEMME GROSSE

« Quelle nouvelle, mon ami?
— Aucune; sinon qu'Aspasie
Reprend, dit-on, la fantaisie
De coucher avec son mari.
— Quel conte! l'aventure est fausse;
Aurait-elle assez peu de goût...
— Bon! son état excuse tout!
C'est un désir de femme grosse.

       LALLEMAND.

MONORCHYDIE

Deux récollets, dont l'un à gorge noire,
Et frère Oignon, la fleur des cordeliers,
S'entretenaient un beau jour après boire,
De leurs exploits, de leurs travaux guerriers,
Et du vicaire et des deux marguilliers.
« Deux marguilliers! par saint Bonaventure!
  Disait père Ange à son frère Oignon,
  Tout à l'heure je fais gageure;
  Qu'entre nous deux, mon compagnon,
  Nous en avons cinq. — Comment, diable!
Cinq marguilliers la chose est incroyable...
  — Oh! je gage... — Ne gage pas,
  Disait frère Etienne tout bas.
— Que je ne gage pas! reprit tout haut père Ange,
Que je ne gage pas! le conseil est étrange!
  Quand de mon fait je suis certain...
— Eh bien, gageons, lui dit le franciscain,
Qui se doutait à l'air troublé du frère,
Que là-dessous était quelque mystère.
— Tope, allons, soit. Six bouteilles de vin.

— Ne gage pas, répète frère Etienne.
— Va-t'en au diable avecque ton antienne.
    Dit le gageur
    Avec humeur.
As-tu peur de rester avec ta courte honte ?
Tiens, maraud, pour ma part j'en ai trois de bon compte,
    Et n'engage ici rien du tien...
— Cela se peut : mon très révérend père !
    Répondit humblement le frère :
    Mais, moi, je n'en ai qu'un. — Ah! chien !
Que la peste t'étouffe, avorton de nature,
    Est-il permis de perdre une gageure
        Quand on y met autant du sien ! »

Willemain d'Abancourt.

LA NOUVELLE ACCOUCHÉE

Après dix mois de mariage,
Lise vient de faire un garçon,
Et par ses cris et son tapage,
Elle en instruit tout le canton.
« Ah ! dit alors, tout étonnée,
La naïve et simple Myrthé,
Ne cria pas tant l'autre année. »

Conson.

LA DOULEUR DE L'ÉPOUX

Une maison connue étoit toute en rumeur,
Voisins, gardes, servants, invoquoient saints et saintes ;
La dame du logis se sentoit en douleur
Pour accoucher. Falloit entendre ses complaintes !
      Falloit voir les soins de l'époux,
        Mais très époux et portant mine
        D'un être débonnaire et doux !
Aux moindres cris il conjurait Lucine
        De regarder en pitié
           Sa moitié.
        La maligne femelle
        Crioit encore de plus belle.
      L'accoucheur actif travailloit,
      Et l'époux bénin sanglotoit.
Assez souvent on compte sans son hôte ;
    Vous allez voir : « Mon cher petit mari,
Dit la femme souffrante au bonhomme attendri,
Ah ! ne pleure pas tant, va ; ce n'est pas ta faute. »

LA DOULEUR DE L'ÉPOUX

L'UROLOGIE

Un écolier d'assez joli minois
   Etait au lit pour maladie.
   Pour sa garde on avait fait choix
   De dame Alix fort étourdie,
Veuve depuis deux ans, grosse depuis six mois.
   Chaque matin, au jeune prosélyte,
  Son professeur allait rendre visite.
   Le médecin auquel on eut recours,
Fut ce docteur fameux dans l'art où l'on devine
   Sans s'amuser en vains discours :
Du malade, dit-il, que l'on garde l'urine,
Et demain nous verrons. Ainsi dit, ainsi fait.
Le lendemain Alix, d'un naturel distrait
Met en oubli les ordres de la veille
   Et par esprit de propreté.
  Son premier soin sitôt qu'elle s'éveille.
Fut de jeter cette eau, de rincer la bouteille,
Enchaînant sur ses pas, la vie et la santé.
Arrive le docteur d'un air de gravité

Il demande l'urine. Alix est bien surprise
Et reconnaît mais trop tard sa sottise
    Que faire hélas ! pour la cacher ?
— Voyons l'urine ? Alix, allez donc la chercher.
Elle y court en tremblant ; enfin payant d'audace
    Elle apporta de la sienne à la place.
Le docteur examine, y regarde à deux fois,
Et d'un ton d'assurance, il prononce et s'étonne :
— Mon art, dit-il, m'apprend que la personne
    Doit accoucher dans quelques mois.
A ces mots l'écolier, pour qui tout est mystère
    Tourne les yeux vers son régent :
      — Je vous le disais bien mon père,
    Que vous me feriez un enfant.
Dans tous les points, cette histoire est étrange,
Je plains fort l'écolier, je hais le professeur ;
Mais c'est en vain qu'on cherche à tromper un docteur,
Ces messieurs, comme on voit, ne prennent pas le change.

                                    ★★★

Elle se fâcha !

UN MOT QUI OFFENSE L'OUÏE

Hier la langue me fourcha,
Devisant avecq' Antoinette;
Je dis f....., et cette finette
Me fit la mine et se fâcha.
Je deschus de tout mon crédit,
Et vis, à sa couleur vermeille,
Qu'elle aymoit ce que j'avois dit,
Mais en autre part qu'en l'oreille.

Mathurin Régnier.

LA BLENNORRHAGIE

Infâme bastard de Cythère,
Fils ingrat d'une ingrate mère,
Avorton triste et déguisé,
Si je t'ai servi dès l'enfance,
De quelle ingrate récompense
As-tu mon service abusé ?
Mon cas, fier de mainte conqueste,
En espagnol portoit la teste,
Triomphant, superbe et vainqueur,
Que nul effort n'eût su rabattre :
Maintenant lasche et sans combattre,
Fait la canne et n'a plus de cœur.
De tels autels une prêtresse
L'a réduite en telle détresse,
Le voyant au choc obstiné,
Qu'entouré d'onguent et de linge,
Il m'est avis de voir un singe
Comme un enfant embéguiné.
De façon robuste et raillarde,
Prend l'oreille et n'est plus gaillarde.
Son teint vermeil n'a point d'éclat,
De pleurs il se niye la face,

Et fait aussi laide grimace
Qu'un boudin crevé dans son plat.
Aussi penaud qu'un chat qu'on chastre
Il demeure dans son emplastre
Comme en sa coque un limaçon.
En vain d'arrasser il essaye :
Encordé par une lempraye
Il obéit au cavezon.
Une salive mordicante,
De sa narine distillante
L'ulcère si fort par dedans
Que crachant l'humeur qui le picque,
Il bave comme un pulmonique
Qui tient la mort entre ses dents!
Ha! que cette humeur languissante
Du temps jadis est différente!
Quand brave, courageux et chaud.
Tout passait au fil de sa rage,
N'estant si jeune pucelage
Qu'il n'enfila de prime assaut.
Appollon dès mon asge tendre,
Poussé du courage d'apprendre
Auprez du ruisseau parnassin,
Si je t'invoquay pour poète,
Ores, en ma douleur secrette.
Je t'invoque pour médecin.

Sévère roy des destinées,
Mesureur des vites années,
Cœur du monde, œil du firmament,
Toi qui présides à la vie,
Guéry mon cas, je t'en supplie,
Et le conduis à sauvement.
Pour récompense, dans ton temple,
Servant de mémorable exemple
Aux jouteurs qui viendront après,
J'apprendray la mesme figure
De mon cas malade en peinture,
Ombragé d'ache et de cyprès.

Mathurin Régnier.

REMÈDE CONTRE LES PUCES

Des puces veux-tu fuir la visite importune,
D'un procédé bizarre éprouve la fortune.
De la fiente de porc introduite en ton lit,
Garnis le vêtement préparé pour la nuit.
Ce soin, de l'ennemi précipitant la fuite,
En paisible sommeil change ta nuit maudite.

Ecole de Salerne.

LE POUPON

Sœur Jeanne ayant fait un poupon,
Jeûnait, vivait en sainte fille,
Toujours était en oraison ;
Et toujours ses sœurs à la grille.
Un jour donc l'abbesse leur dit :
« Vivez comme sœur Jeanne vit ;

Fuyez le monde et sa sequelle. »
Toutes reprirent à l'instant :
« Nous serons aussi sages qu'elle
Quand nous en aurons fait autant. »

La Fontaine.

L'IRRIGATEUR

Un étameur fondait une vieille seringue
    Pour étamer de vieux couverts.
Je passais avec Mas, que le bon sens distingue,
    Et lui récitai ces vers :
« Vanité, vanité, grandeur et décadence!
    Bien mal ici-bas tout finit. »
— Mais non, répliqua-t-il, puisque tout recommence
    Et, grâce au progrès, rajeunit
Pour un meilleur destin; témoin cette aventure :
    Ce qui pénétrait par le bas
Entrera désormais par une autre ouverture,
    Et l'étain ne s'en plaindra pas.

LA CONFESSION D'UNE NYMPHOMANE

La comtesse de Trimalcie,
Qui de tout se faisait un jeu,
La comtesse, vive et jolie,
Ayant tâté de tout un peu,
Un matin ne sachant que faire,
Et par hasard se réveillant
Un peu plus tôt qu'à l'ordinaire,
Dans son lit cent fois se tournant,
S'agitant et ne rencontrant
Ni son époux ni son amant,
Et voulant pourtant satisfaire
Le caprice de ce moment,
Sonne, et tout à la fois appelle.
« Vite, au couvent de nos voisins
Volez, et m'amenez, dit-elle,
Le plus barbu des capucins. »
On part. Lise accourt et s'empresse :
« Eh bon Dieu ! quel mal avez-vous ?
Que sent madame la comtesse ?
Faut-il avertir votre époux ?

— Non, non, de l'effroi qui te presse,
Ma chère enfant calme l'excès :
Ne crains rien ; si je me confesse,
Je ne prétends pas mourir. Mais
Les confesseurs sont fort discrets ;
Une femme avec assurance
Peut leur confier ses secrets.
Or, des doux péchés que j'ai faits
J'aime fort la réminiscence,
Et de temps en temps je me plais
A les narrer sans réticence. »
Elle dit, on entre, et soudain,
On annonce père Membrin.
Plus que le Faune ou le Sylvain
Il a la poitrine velue ;
Front rasé, sourcil noir, œil creux,
Sa bouche ardente et bien fendue
Brille sous les plis tortueux
D'une barbe large et touffue :
L'air robuste, l'aspect hideux,
Jarret tendu, bras musculeux,
Son large nez le feu respire :
Sans son froc épais et poudreux
On l'aurait pris pour un satyre.
La comtesse se met à rire ;
Le fait asseoir près de son lit,

LA CONFESSION D'UNE NYMPHOMANE

Lui parle avec plaisanterie,
Et pour montrer son industrie
Lui conte les tours qu'elle fit :
Lui dit chaque friponnerie
Qu'en amour elle se permit,
Comment une certaine nuit,
Entre son époux et sa mère
Dans ses jardins elle jouit
D'un prélat et d'un militaire,
De quel art elle se servit
Pour qu'un galant fût auprès d'elle
Par son époux même introduit ;
Comment un soir dans sa ruelle,
Sans jalousie et sans querelle,
Trois amants elle satisfit,
Et n'en parut pas moins fidèle
A chacun, malgré ce conflit ;
Comment ensuite elle s'offrit
Pour fille naïve et pucelle
A fin connaisseur qui, pour telle,
Malgré tout son savoir la prit ;
Comment, par pure espièglerie,
Un certain soir elle ravit
L'amant qu'attendait son amie,
Puis le lendemain lui rendit.
En contant ses tours elle en rit,

Lorgne le moine et lui sourit ;
Et pour dompter l'animal pie,
Lui laisse entrevoir ses appas ;
Puis lui fait mainte agacerie,
Puis enfin l'admet dans ses draps.
Elle en fut assez bien servie.
Le moine admire, il se récrie,
Et par le cordon qui le ceint,
Par la Vierge, et par chaque saint,
Il lui jure que de sa vie
Il n'eut un plaisir si divin.
Du masque de l'hypocrisie
Cachant les feux dont il est plein,
En s'en allant il édifie
Tous ceux qu'il trouve en son chemin.
Puis revient dès le lendemain.
Il revient ; mais quoi c'est en vain
Qu'il la presse, qu'il la supplie,
Elle lui ferme ses beaux bras ;
Et lui dit avec ironie :
« Considérez-vous, je vous prie,
Et convenez qu'en certain cas
On peut en faire la folie,
Mais, mon père, on n'y revient pas. »

GUDIN.

L'envoyé turc.

ÊTES-VOUS CIRCONCIS ?

Jamais ne fut nation plus civile
Que la française, il le faut avouer,
L'envoyé turc bien pourrait s'en louer
Après l'honneur qu'à Lyon, la grand'ville,
Des magistrats en passant il reçut.
Ces magistrats crurent frapper au but
S'ils régalaient l'excellence ottomane
D'un compliment en langage ottoman :
« Car, disaient-ils, parler par truchement
C'est une mort : en langue musulmane

Un musulman il nous faut saluer. »
L'invention leur semblait mémorable :
Le point était comment l'effectuer.
Où rencontrer un harangueur capable,
Un homme expert dans le salamalec?
Notez qu'alors tenait auberge illec
Certain quidam déserteur de mosquée,
De mauvais turc devenu bon chrétien.
C'est notre fait, dirent ces gens de bien.
La chose au sire étant communiquée,
Il l'approuva : « Laissez faire, dit-il,
François Selim ; c'est ainsi qu'on me nomme ;
Nul mieux que moi, Dieu merci, ne sait comme
La tête on doit courber jusqu'au nombril,
Rabattre en arc les mains sur la poitrine,
Se reculer, s'avancer à propos,
Et cætera. Suffit; de ma doctrine
Tenez-vous sûrs et soyez en repos.
Vous me verrez à la mode turquesque
Faire cent tours qui surprendront vos yeux :
Telle action vous paraîtra burlesque,
Qui cache au fond sens très mystérieux.
Or, en ceci, la grande politique,
C'est de me suivre en tout d'un pas égal.
Souvenez-vous de cet avis unique ;
Vous ne sauriez, me suivant, faire mal. »

De point en point on promit de le suivre ;
On le suivit jusqu'au moindre iota.
L'ambassadeur fort bien s'en contenta ;
Mais ce qui plus que tout le transporta
Fut qu'un chrétien parla turc comme un livre
« *Il n'est*, dit-il, *assesseur du divan*
Qui mieux que vous entende notre langue.
— Pas ne vous doit surprendre ma harangue,
Répond Sélim ; je suis né musulman.
— Né musulman ! vous l'êtes donc encore ?
— Moi ? point du tout, je me suis converti ;
Et c'est le dieu des chrétiens que j'adore.
— Par Mahomet ! vous en avez menti,
Et musulman jamais vous ne naquîtes,
Ou vous n'avez pas changé de parti.
Je ne puis croire au moins ce que vous dites,
Si je n'en vois un signe fort précis.
— A moi ne tienne ! Êtes-vous circoncis ?
— Vous allez voir. » Lors sa misère nue
Le compagnon étale à découvert.
Les magistrats, à cette étrange vue,
Quoique étonnés, pour n'être pris sans vert,
Suivant leur guide, imitant sa posture,
Firent leur cour en forme et sans tarder,
Chacun selon le talent que nature,
Petit ou grand lui voulut accorder.

L'ordre fut rare, et l'histoire rapporte
Que l'Ottoman, salué de la sorte,
Crainte de pis, s'enfuit sans dire adieu.
Tout au rebours les donzelles du lieu
Prirent grand goût à la cérémonie ;
Et telle fut leur jubilation,
Que maintenant nulle ne se soucie
De voir, après cette réception,
Ambassadeur s'il ne vient de Turquie.

LAMMONOYE.

LE BORGNE

Par trop lamper, un curé de Bourgogne,
De son pauvre œil se trouvait déferré.
Un docteur vint : « Voici de la besogne
Pour plus d'un jour. — Je patienterai.
— Ça vous boirez. — Eh bien ! soit, je boirai...
— Quatre grands mois...— Plutôt douze, mon maître.
— Cette tisane... — A moi ! reprit le prêtre,
Vade retro : guérir par le poison !
Non, par ma foi, perdons une fenêtre,
Puisqu'il le faut ; mais sauvons la maison. »

GRÉCOURT.

LE MOMENT PROPICE

Jeanne voulait savoir du médecin
Lequel vaut mieux le soir ou le matin,
Au jeu d'amour. Il dit que plus plaisant
Était le soir, le matin plus duisant
Pour la santé. « Lors, dit Jeanne en riant,
Je le ferai d'un appétit friant,
Doncques au soir pour la grand'volupté,
Et le matin pour la santé. »

L'ORIGINE DE LA BARBE

Pauvres époux d'une moitié rebelle,
Votre malheur n'est pas chose nouvelle;
Et l'art de faire enrager un mari
N'est pas un art inventé d'aujourd'hui.
C'est un secret aussi vieux que les hommes,
Perpétué jusqu'au siècle où nous sommes,
Mais où le diable et l'esprit féminin
Ont à présent mis la dernière main.
Qu'ainsi ne soit : Adam, notre bon père,
Fut comme vous dans la même misère;
Hors qu'à présent on peut, chez ses voisins,
S'aller parfois venger de ses chagrins.
Le pauvre Adam fut bien plus misérable;
Car il n'avait que sa femme et le diable :
C'est là le tiers qu'a toujours eu l'hymen.
Mais quelle femme avait le bon humain!
Combien de fois regretta-t-il sa côte?
La belle était aigre, hargneuse, haute;
Pour son bonhomme elle avait trop d'appas :
C'était un sot qui ne la valait pas.

Jamais époux a-t-il valu sa femme?
Las à la fin des mépris de la dame,
Au Créateur il fut conter le tout.
« Seigneur, lui dit le pauvre époux à bout,
Rends-moi ma côte et reprends ta femelle,
Ou fais exprès un paradis pour elle. »
Anges sous cape en sourirent entre eux :
On rit toujours d'un époux malheureux.
Le Seigneur, seul, eut pitié de sa peine.
« Prends, lui dit-il, cette huile souveraine,
Va t'en frotter le visage en secret.
Tel en sera le salutaire effet
Qu'il te rendra la face redoutable,
Et te fera l'air mâle et respectable. »
Il faut noter que le moindre coton
N'avait encore ombragé son menton.
A peine Adam mit le baume en usage,
Quand il sentit pousser sur son visage
Ce qui chez nous vient, avec les désirs,
Nous annoncer la saison des plaisirs.
Surpris alors de ce qu'il sentait naître,
Plus il tâtait, plus il la faisait craître.
Il l'essaya sur maints et maints endroits,
Partout le baume opéra sous ses doigts.
Alors, tout fier de sa toison nouvelle,
Il fut trouver l'intraitable femelle.

Quel changement! ce redoutable aspect
A la pauvrette inspira du respect;
Elle devint douce, tendre et docile;
Et notre époux, grâce à cette heureuse huile,
Eut un repos qu'il n'osait espérer.
Bonheur d'époux n'est pas fait pour durer.
Adam, un jour, dans un bocage sombre,
Pour son secret se retirait à l'ombre :
Là, se servait de ce baume divin,
Quand son tendron, conduit par le malin,
Vint dans le fond de ce bois solitaire
En tapinois y lorgner le mystère.
Ève en sourit, et, se mordant le doigt,
De tous ses yeux elle épia l'endroit
Où par Adam la fiole fut cachée.
Longtemps ne fut sans être dénichée.
A peine Adam fut décampé du bois,
Qu'Ève allait du bout du doigt,
Sur son visage essayer la recette,
Quand tout à coup démangeaison secrète
Je ne sais où lui fait porter la main.
Là ne rata le baume souverain :
Il fit effet, et sa vertu fut telle,
Que loin d'ôter des appas à la belle,
Elle y gagna de secrètes beautés :
Lors un buisson frémit à ses côtés;

Un rien fait peur à ce sexe timide.
Ève s'enfuit où sa crainte la guide;
Mais, en fuyant, elle fait un faux pas,
Casse la fiole et répand tout à bas.
Grâce au faux pas de sa moitié peu sage,
Voilà comment l'homme eut seul en partage
Ce sceau divin de la virilité.
Qu'il a transmis à la postérité.
Ève reprit son allure ordinaire.
Que fit Adam? Ce qu'un époux doit faire;
Pour éviter un éclat indiscret,
Il apprit l'art d'enrager en secret.

La Chaussée.

LAZARE

En présence d'un médecin
On parloit un jour de Lazare
Ressuscité par un pouvoir divin.
« Parbleu! dit le docteur, le fait n'a rien de rare;
Mais s'il était mort de ma main!... »

LA NOUVELLE PHARMACOPÉE

Monsieur Gripon (c'est un octogénaire,
Vieillard fâcheux, à tout désespérer,
Spectre vivant, qui, je crois, pour affaire,
A négligé de se faire enterrer);
Ce Gripon donc, à la tête chenue,
Aux yeux pourprés, à l'air tout rechigné,
Depuis un mois dans son lit rencoigné,
D'une insomnie exacte et continue
Etait atteint. Depuis trente-deux nuits,
Oui, trente-deux, pas n'avait le bonhomme
Un seul instant dormi d'un léger somme.
Partant, jugez des peines, des ennuis
De la maison; car les jérémiades,
Les propos durs, les vives rebuffades,
Et les transports avec les jurements,
Au plus ragot, au plus grec des malades,
Rien ne coûtaient. Par avis de parents,
Pour endormir le vieillard colérique,
On eut recours au docte spécifique
  De Mercuro-Bol-Asinos,

Jeune docteur qui, par son art magique,
Tenait alors le ciseau d'Atropos.
Le docteur entre, en perruque carrée,
D'un air distrait caresse son jabot;
Sur une enfant pas par trop déchirée,
Jette un coup d'œil, puis vient à l'ostrogot,
Tâte son pouls, lui fait tirer la langue,
En jolis riens lui fait une harangue,
Et puis après avoir vanté son nom,
Finit enfin par ordonner l'opium.
Or, le gisant, têtu de sa nature,
Contre l'opium de tout temps déchaîné,
Saigne du nez; mais plus il en murmure,
Plus après lui son fils est acharné :
Déjà trois fois la coulpe salutaire
A chancelé dans sa tremblante main;
Déjà trois fois sa bouche sur le verre
S'est imprimée et recule soudain.
— Monsieur, dit-il, souffrez que je diffère;
Bien crois l'opium salutaire et divin
Contre mon mal, mais je connais un homme
Qui, sans savoir le grec ni le latin,
A néanmoins un remède certain ;
Et si ce soir je ne dors pas un somme,
J'aurai recours à vous demain matin.
Le docteur sort sans se mettre en colère,

Et mons Gripon fait courir à l'instant
Chez son voisin, non chez l'apothicaire,
Mais chez Brochure ; or c'était son libraire.
« Que voulez-vous ? dit Brochure accourant.
— Las ! je me meurs, mon cher Monsieur Brochure !
Depuis un mois je n'ai pas fermé l'œil !
N'auriez-vous point chez vous quelque recueil
De plats discours, dont la froide lecture,
Me fit dormir ? — Si fait, parbleu, voisin,
    J'ai chez moi le père Caussin
    Et d'autres œuvres jésuitiques :
Contre nos bons auteurs j'ai toutes les critiques ;
    Des vers sans feu, des feuilles, des journaux ;
    En outre, j'ai trente opéras nouveaux,
    Et cent discours académiques ;
Voyez, décidez-vous. J'ai, par exemple, encor
    Les *Trois Siècles*, la *Dunciade*...
    — Holà, mon cher, dit le malade,
Ce dernier, pour dormir, lui seul vaut son poids d'or. »
    De son réduit poudreux on tire le poème.
    On le secoue avec effort,
On l'apporte... O prodige ! ô remède suprême !
On l'ouvre, on lit, on bâille, on s'étend et l'on dort.
    Le lendemain, chez le malade,
    Vers midi paraît le docteur...
Paix, monsieur Gripon dort, lui dit-on. Quel bonheur !

— Eh bien, sans moi ?... — Non pas ! c'est à la *Dunciade*
    Que nous devons cette douceur.
Ces mots au médecin, frappé de la puissance
    Des paroles et des esprits,
Donnèrent à penser. Quoi ! dit-il, des écrits
Auraient tant de pouvoir ? Poussons l'expérience,
Voyons... De ce moment il n'employa plus rien
    Que ce remède, et l'on s'en trouva bien.
    Il ordonna, pour guérir leurs contraires,
    Les Montesquieu, les Rousseau, les Voltaire,
        Les d'Alembert, les Diderot,
    Les Marmontel, les Saurin, les d'Arnaud,
    Duclos, Dorat, et Gresset et Lemierre ;
        D'autres encore y furent joints ;
Et le docteur, bientôt, grâce à ces soins,
Se vit couru de la nation entière.
Dans son hôtel (il changea de maison)
      Pistoles pleuvaient à foison ;
      On l'écoutait comme un oracle,
        Et même avant la guérison
        Chacun déjà criait miracle.

Willemain d'Abancourt.

IDYLLE ANATOMIQUE

Il est un vase que nature,
D'après les crayons de l'amour,
Qu'elle trouva dessinant sa figure,
S'avisa de former un jour.
Ce vase n'est de porcelaine,
De porphyre, d'or ni d'argent,
Pas n'est d'argile seulement,
Mais bien d'ivoire et filaments d'ébène,
Sur son contour dessinés joliment,
Font le contraste et servent d'agrément.
Or, bien savez que vases ordinaires
Portent communément leurs bords
Recoquillés, évasés en dehors,
Ainsi que le jasmin, l'honneur de nos parterres ;
Et tout au rebours celui-ci,
Par la nature raccourci,
Se recoquille sur lui-même ;
Et pour vous en donner l'emblème,
Bien connaissez, ami lecteur,
Une espèce de coquillage,

Conque de mer, qu'on nomme un pucelage ?
　　Eh bien, de ce vase enchanteur
　　Tels sont les bords qui de la rose
　　Ou plutôt du plus fin corail
Ont la couleur. Deux colonnes d'émail,
　　Et dont le nom est lettre close,
　　Forment un double piédestal
　　Par qui le vase virginal
Est soutenu : placé sous une voûte
　　Où règne un éternel printemps,
Onc ne craignit les injures des temps,
　　Froid ni chaleur il ne redoute ;
　　Façonné par le dieu des cœurs,
　　L'amour, quand il est en colère,
Dans son sein quelquefois vient épancher ses pleurs,
　　Il est fertile, et produit d'ordinaire
　　　Tantôt des fruits, tantôt des fleurs.

　　　　　　　　　WILLEMAIN D'ABANCOURT.

LA GÉNÉRATION SPONTANÉE

D'où vous vient cet air tout grognon ?
— J'n'entends parler que de sal's êtres.
Le microzyme et l' champignon
Du corps humain sont donc les maîtres !
Les bactéries, le vibrion,
Trist' race après nous acharnée.
Au diabl' cett' génération
Qu'elle soit ou non spontanée.

Sur la terre rien de nouveau,
Dit un rhéteur académique.
Car *Omne vivum ex ovo*
Est un proverbe fort antique.
La viande, putréfaction !
Notre boisson est gangrenée !
Salut, ô génération,
Qui ne peut pas êtr' spontanée !

LA GÉNÉRATION SPONTANÉE

Ses adversair's non moins féconds
De l'insondabl' sond'nt le mystère
Et dans le vid' de leurs flacons,
Ils voient s'animer la matière.
Voici v'nir un jeun' champion,
La lanc' de pus tout imprégnée.
Vive not' génération,
Génération spontanée!

Non licet inter nos tantas
Componere lites, dit l' sage.
Aussi j' m'abstiens dans ce fracas
Que chacun fait en son langage.
Mais j' crains que la discussion
S' prolongeant d'année en année,
N' dépasse not' génération,
Qui n'est pas du tout spontanée.

Un client pour un suintement
De l'urètre, inquiet, vous consulte,
De la femme il se port' garant,
En douter même est une insulte.
— Monsieur, votre observation
Mérite d'être burinée,
Comm' preuv' de génération,
Génération spontanée.

Un' jeun' veuve depuis deux ans
Voit tout à coup certaine enflure.
Bon Dieu ! qu'vont dir' les médisants ?
Ell' dont la conscience est pure.
— C'est peut-êtr' l'imprégnation
Fait' dans un' précédente année,
Ou bien un' génération
Chez les veuves tout' spontanée.

Pour terminer par un couplet
Et qui soit bien de circonstance,
Vive à jamais notre banquet,
Pour l'internat sourc' de Jouvence,
Et qu'un' douc' fermentation
De ses mycrozym's émanée
Fass' naître un' génération
D' joyeux internes spontanée !

Alix est bien fâchée !

L'ACCOUCHEMENT PRÉMATURÉ

Jean s'est lié par conjugal serment
A son Alix, si longtemps recherchée.
Mais quatre mois après le sacrement,
D'un fruit de neuf elle s'est dépêchée.

Jean se lamente ; Alix est bien fâchée :
Mais le public varie à leur égard.
L'un dit qu'Alix est trop tôt accouchée,
L'autre que Jean s'est marié trop tard.

J.-B. Rousseau.

L'ERREUR DU BOUCHER

Certain boucher, de Simon son compère
Devait un jour acheter certain veau,
Et jour fut pris pour aller bien et beau
Voir l'animal, s'arranger, faire affaire :
Car mons Simon demeurait au hameau.
Ce Simon-là de sa femme Perrette
Avait eu fille, et cette fille avait
Quinze ans au plus, était assez drôlette ;
Deux yeux friands, l'air tant soit peu coquet,
Sourcils en arc et chevelure noire,
Trente-deux dents blanches comme l'ivoire,
Tétons brunis, mais fermes ; de Babet,
En raccourci, c'est, je crois, le portrait.
Au jour susdit, arrive le compère :
Pour cas urgent Simon était absent,
Et sa moitié travaillait en un champ
Près du logis... « Bonjour, messire Pierre.
— Bonjour, Perrette... — Et comment vous en va ?
— A vot' service, et vous ? — Fort ben. Oh çà !
Vous v'nais pour voir not'viau, pas vrai ! — Sans doute.

— Eh ben ! Babet n'a qu'à vous le montrer ;
Vous excus'rez, car not' homme est en route.
Ça n'y fait rien... » Et notre homme d'entrer
Dans le logis et dire à la pucelle :
« Oh çà, Babet, vot' mère a dit comme ça,
De me l' montrer... — Oh ! non pas, celui-là ?
Répond Babet, vous nous la baillez belle ;
Il est toujours plaisant, monsieur Pierrot !
— Pas si plaisant ! Je vous dis, en un mot
Comme en dix mil', que vot' mère vous ordonne
De me l' montrer. Demandez-lui plutôt.
— Vous êtes fou, dit Babet, Dieu m'pardonne. »
Et le boucher de s'écrier tout haut
A la maman : « Pas vrai, dame Perrette,
Qu' vous m'avais dit que votre fille allait
Me l' montrer ? Al' croit que c'est sornette.
— Pardi ! sans doute. Est-ce qu'al' n'oserait ?
Qu'on se dépêche ; et quand ? et tout à l'heure,
De le montrer... » Et la fillette pleure.
— Pardi ! ma mère est folle, que je crois !
— Vous l'entendais, je ne lui fais pas dire ;
Puisqu'al' le veut, est-ce ma faute, à moi ?
Enfin Babet dans un coin se retire,
Tout en pleurant d'un œil humilié,
Pousse un soupir, et puis découvre un pied,
Puis une jambe, et puis quelqu'autre chose,

Touffe de lis, albâtre et cætera,
Non sans douleur : elle fit une pause
En certain lieu, puis bien fort soupira.
Pas n'est besoin, je pense, de décrire
Son embarras : elle était tout en eau,
Quand le boucher s'avisa de lui dire :
« Eh ! ce n'est pas ça ! — Quoi donc ? — Eh ! c'est vot' viau !

Willemain d'Abancourt.

LA GROSSESSE EXCUSABLE

Madame Hortense étant au bal
Tomba, l'autre jour, en faiblesse :
Le grave Artoux dit que son mal
Etait un signe de grossesse.
Quelqu'un reprit : « Y pensez-vous !
Depuis deux ans est mort l'époux
De cette veuve si gentille.
— Excusez, dit monsieur Artoux.
Je croyais madame encore fille. »

LA GROSSESSE EXCUSABLE

MÉDECINE LÉGALE

(Casse-poitrines appellantur.)
Prof. Tardieu.

Courbé sous le fardeau de son désir difforme,
Sinistre, l'œil au guet, plus craintif que le faon,
Le soir il va le long des berges. — C'est Alphand
Qui sur les bords déserts a fait verdoyer l'orme. —
Là vient encor cet être hybride dont la forme
A des rondeurs de femme et des maigreurs d'enfant,
Dont la casquette et le pantalon éléphant
Trahissent un organe infundibuliforme.
Une honteuse ardeur qu'aiguise le danger
Les poussant l'un vers l'autre, ils s'en vont échanger
D'effroyables baisers dans l'ombre des latrines.
Enfin l'homme, assouvi, sort d'un pas inégal,
Rasant les murs, chargé d'âcres odeurs d'urines,
Qu'il préfère aux parfums du foyer conjugal.

Camuset.

DICHOTOMIE

Deux mille médecins sous le ciel de Paris
Parmi les maux humains plongent leurs tentacules.
Les uns, cœurs généreux ou martyrs ridicules
Du dévouement sans borne et du labeur sans prix;
Les autres, professant un élégant mépris
Pour le client naïf qu'ils gorgent de granules;
En haut, quelques savants, princes, principicules;
En bas quelques rêveurs, des sots, des incompris.
Mais les plus étonnants dans la docte cohorte
Sont ces courtiers qui vont quêtant de porte en porte
Le cas chirurgical et rémunérateur;
Puis, quand ils ont semblé partager sa besogne,
Confraternellement partagent, sans vergogne,
L'or sanglant aux pieds du Grand Opérateur.

Camuset.

LA SYPHILIS CUTANÉE

Sous les rideaux discrets, au fond du vieil hospice,
Les sylphes de Saint-Louis, chantés par Fracastor,
Donnent à leurs amants, qui sommeillent encor,
Des baisers dont la trace est une cicatrice.
La rougissante Acné, l'agaçante Eczéma,
Chéloïs au front pur, Syphilis au cœur tendre,
Purpura, Sycosis, Ephélis, Ecthyma
Sur la peau des mortels préférés vont s'étendre.
Le jour luit. Une horde envahit les dortoirs,
Portant tabliers blancs avec paletots noirs :
Ce sont les ennemis des virus et des lymphes.
Ils vont, et devant eux marche le professeur,
Comme un faune jaloux qui s'avance, grondeur,
    Pour troubler vos ébats, belles nymphes.

                              CAMUSET.

OUVRAGE DIFFICILE A TRADUIRE

Le grand traducteur de Procope [1]
Fut près de tomber en syncope,
A l'instant qu'il fut ajourné
Pour consommer son mariage.
« Ah ! dit-il, le pénible ouvrage,
Et que je suis infortuné !
Moi qui fais de belles harangues,
Moi qui traduis en toutes langues !
A quoi sert mon vaste savoir,
Puisque partout on me diffame
Pour n'avoir pas eu le pouvoir
De traduire une fille en femme ? »

MÉNAGE.

[1] Le président Cousin.

DU SIGNE CERTAIN DE LA MORT

Sur la maison triste
Plane un air de deuil
De la paille au seuil;
On signe une liste.
L'Etat formaliste
Jette son coup d'œil
Au fond du cercueil :
Elle avait un kyste.
Mais mon signe à moi
Est plus sûr. Ma foi,
Je vais vous le dire :
Navrant héritier
Qui deviens rentier,
Je t'ai vu sourire.

★★★

BANDAGES ET APPAREILS

Dans la vitrine, où l'œil jette un regard oblique,
Apollon et Vénus livrent leurs nudités
A des enlacements d'appareils brevetés.
Ils servent, dieux captifs, d'enseigne à la boutique.
Un bandage inguinal à pelote élastique
Etreint Cypris la blonde et masque ses beautés.
L'acier flexible et fort, en détours éhontés,
Suit amoureusement la courbe hypogastrique.
Sur la gorge et les flancs divins je vois encor,
Bannisssant la chlamyde et la ceinture d'or,
Des ressorts médaillés à Paris, Vienne et Londre,
O crime ! — Et cependant Eros, confus et las,
Levant un lourd faisceau de sondes en ses bras.
Semble implorer le ciel pour l'homme qui s'effondre.

CAMUSET.

Dame Alix et sa mère.

LES PROPRIÉTÉS DU TABAC

Dame Alix, fringante et gentille,
Très savante au jeu de l'amour,
Pour lignée avait une fille,
Riche, belle comme le jour,
Ajoutons aussi : faite au tour.
Le mari, bonasse, crédule,
Et calme par tempérament,
Comme un balancier de pendule,
En tout allait tranquillement
D'un uniforme mouvement.

Or, par une faveur insigne,
Peu commune à certaines gens,
Sur son front jamais aucun signe
N'avait marqué de contretemps...

Dame Alix voulait pour sa fille
Un mari jeune, vif, charmant,
Qui sût porter dans la famille
Cette gaîté qu'elle aimait tant
Et dont elle usait rarement.

Ce fut le fils de son notaire
Qu'elle distingua parmi tous,
Beau garçon, heureux caractère,
De l'esprit et les mêmes goûts
Que sa charmante belle-mère.
Le voilà donc reçu, fêté,
De sa future bien traité...

Mais comme il n'est pas de médailles
Qui soient faites sans un revers,
Voilà que le jour des fiançailles
Tout semble marcher de travers.

En le regardant on chuchote,
Et la belle-mère rougit ;

Elle va, vient, s'arrête, trotte...
« Que diable a-t-elle dans l'esprit ?
Se demande le futur gendre.
Voyons, il faut m'en informer...
En moi qu'avez-vous à reprendre,
Dites, maman ?...
— Mais...
— Je puis tout entendre...
— Eh bien !...
— Quoi donc ?
— Pourquoi fumer ?
Cette odeur m'est désagréable,
Si j'osais... mais...
— Mon seul plaisir
Sera de vous être agréable ;
Votre bonheur, c'est mon désir...
(Ah ! puisse-t-elle aller au diable !
Dieu ! que je suis fort à mentir !)
Vous êtes une mère aimée,
Et je repousse sans retour,
Cigares, tabac et fumée,
(Pour les reprendre au premier jour),
Et je suis tout à mon amour. »
Le lendemain, le mariage
Se célèbre en grand étalage,
Et lorsque enfin sonne minuit

Chacun se retire sans bruit.
Le jour suivant (c'est de l'histoire),
Il paraît, on peut l'affirmer,
Que l'épouse, en toute sa gloire,
Pouvait briller sous la fleur d'oranger !
Cette existence singulière
Menaçait de durer encor,
Et dame Alix voulait être grand'mère !...
« A ma fille vous faites tort,
Mon gendre ; il faut changer d'allure,
Prouver que vous êtes mari...
— Ma belle-maman, je vous jure
Que vous me voyez bien marri,
Bien chagrin de ce qui se passe ;
Mais que voulez-vous que j'y fasse ?
Quel remède y puis-je apporter ?
— Dame ! faut-il que je vous dise ?...
— Quoi donc maman ?
                      — Quelque sottise ?...
Non, je ne veux pas m'emporter,
Mais vous comprenez, je suppose,
Que cet état ne peut durer.
— Je le sens, maman, mais je n'ose,
Vous dire...
       — Quoi ?
                  — Vous avouer,

Vous confesser certaine chose...
— Oh! dites, je me sens trembler,
Et tout est préférable au doute.
Oui, parlez vite, sans détour...
Seriez-vous... ce que je redoute...
Un déshérité de l'amour !
— Hélas! hélas! dans ma famille,
Je dois l'avouer humblement,
Un garçon n'est plus qu'une fille
S'il ne fume... et voilà comment
Je puis expliquer ma faiblesse,
Ma défaillance et mon émoi...
Que je fume et de ma tendresse
Les effets parleront pour moi...
Oh! fiez-vous à ma parole...
— Votre franchise me console :
J'y crois, et je vais, en secret,
Exécuter certain projet
Quoi que je dise ou que je fasse,
N'allez vous étonner de rien.
Pas un mot sur ce qui se passe,
Soyez discret, tout ira bien. »
Elle sort... et bientôt son gendre,
A qui le cœur faisait tic tac,
Voit arriver coffrets de palissandre
Garnis, bourrés de pipes, de tabac.

Il veut tout recevoir.
Mais le commissionnaire,
Discrètement se tenant à l'écart,
Lui dit : « Monsieur, prenez-en une part,
Car la seconde est pour votre beau-père !... »
De dame Alix, dites, que pensez-vous,
Ami lecteur qui me fûtes fidèle ?...
Il me semble que notre belle
D'une pierre fera deux coups !...

(*Les Contes gaulois.*)

L'ŒIL D'UN MAGISTER

Un magister, s'empressant d'étouffer
Quelque rumeur parmi la populace,
D'un coup dans l'œil se fit apostropher,
Lors un frater s'écria : « Place ! place !
J'ai pour ce mal un baume souverain.
— Perdrai-je l'œil ? lui dit messer Pancrace.
— Non, mon ami ; je le tiens dans ma main. »

J.-B. ROUSSEAU.

LA MÉPRISE

Devers Florence il était un seigneur,
Un seigneur veuf, attendu que sa femme
Avait depuis peu rendu l'âme,
Mais pour le consoler de ce petit malheur,
Il lui restait fille de bonne humeur,
Simple pourtant, mais belle comme un ange.
Œil bleu, nez retroussé, teint frais, un vrai joyau,
Un bijou digne du pinceau
Et du ciseau de Michel-Ange.
La belle n'avait encore que quatorze ans,
Ignorait tout, mais avait grande envie
De tout savoir. Un beau jour de printemps,
Où le soleil, les fleurs, tout nous convie
A prendre l'air, à jouir des instants
Où les fleurs s'empressent d'éclore,
Rose, c'était son nom, dans un bosquet de Flore,

Se promenant, trouva le jardinier,
Le dos courbé, s'occupant à soigner
Les jeunes fleurs. Vers Guillot notre belle
S'avance en fredonnant : « Jardinier, lui dit-elle,
Comment nommez-vous cette fleur ?
— C'est, dit le rustre, une amarante.
— Celle-ci ? — L'anémone. — Et celle-là ? — L'acanthe. »
De fleur en fleur, Rose et son précepteur
Pénètrent jusque dans la serre,
Où Rose, entrant, dit à Guillot :
« Qu'est ceci ? — C'est un pied. — Ça ? — Ça, dit l'idiot,
C'est une jambe... Au lieu que l'on ne nomme guère,
Étant venu... Cela ? — C'est un... — Fi ! le vilain !
Dit la fillette, et soudain en colère,
Elle va se plaindre à son père,
Disant : « Guillot m'a dit qu'avais un... » Et soudain
Le bon papa, sans autre procédure,
Chassa Guillot, qui conta l'aventure
A son voisin, drôle fort bien appris,
Fort bien campé, passable de figure,
Et fort au jeu que l'on joue à Cypris.
Ruminant à part soi, le drôle, à bon augure
Tient ce récit, et vient très humblement
Se présenter pour occuper la place
De l'exilé. Dans le moment
L'affaire fut conclue et Jérôme remplace

ROSE ET LE JARDINIER

L'imbécile Guillot. A quelque temps de là,
      Rose descend dans le parterre,
      Fait quelques tours et la voilà
      En tapinois qui considère
      Le jardinier plus que les fleurs.
      Sans s'arrêter Jérôme arrose,
    Quand, déployant ses accents enchanteurs,
Rose dit : « Qu'est ceci ? jardinier ? — C'est la rose,
      Ange parfait ! et la reine des fleurs,
      Comme madame est la reine des cœurs.
— La rose ! elle a mon nom. — Vous sa couleur pourprine.
Son gent bouton sur bouchette enfantine,
      Qui comme baume en épand les odeurs.
      — Ceci ? — C'est lis. — Lis ! reprit avec grâce
      La jeune Rose, il est éblouissant !
      Quelle blancheur ! — Votre blancheur l'efface.
      Lis de ce teint est cent fois plus plaisant.
— Et ceci ? — Cette fleur que votre œil examine,
Comme pour rendre hommage à cet astre tant doux
      Vers le soleil toujours s'incline :
Ainsi, pour admirer beauté fraîche et divine
      Tous regarders s'en vont tombant sur vous... »
      D'autres fleurs passent en revue.
      A chaque, un joli quolibet
      Est adressé ; l'on vient au cabinet,
      Là, la fillette offre à la vue

   Du jardinier un pied mignon
   Et demande quel est son nom.
  « C'est pied le plus joli du monde,
Lui dit Jérôme ; heureux qui pourrait le baiser ! »
Elle montre autre chose, et lui dit qu'il réponde :
   Et Jérôme sans biaiser,
  Répond à tout, trouve le tout d'albâtre,
   Dit qu'on doit en être idolâtre,
  Bien plus encor! Quand ce fut à ce mot
  Qu'avait tranché maussadement Guillot :
« Qu'est ceci, lui dit-on ? — Ceci, beauté fleurie,
   D'amour c'est chapelle chérie !
   — Ça, ça, jardinier ? — Vraiment oui,
   C'en est une. Oh ! combien jolie !
Elle n'a pair, tant elle est accomplie,
   Oncques tel chef-d'œuvre ne vi. »
  En ce moment, madame la nature
   Parla chez le nomenclateur.
Figurez-vous un chien qui revoit son seigneur
   Après longtemps : cadenas et serrure,
  Il brise tout pour voler sur ses pas...
   Voilà l'effet que les appas
   De Rose firent sur Jérôme.
« Eh! qu'est ceci, dit-elle en voyant ce fantôme ?
Comment le nommez-vous ? — Un vicaire. — Ça ! Ça !
Jardinier ? — Oui, vraiment. — Un vicaire ! Cela !

Ah! qu'il est beau! Ceci? — Ceci, gente pucelle,
Ce sont les marguilliers. — Oui, mais, reprit la belle,
  Un vicaire, je pense, est fait,
  Pour mettre en petite chapelle...
— Sans doute encor. — Eh bien, essayons. » Et Dieu sait
  A ce propos si le gars fut distrait.
  Pas n'étant neuf au doux jeu d'amourettes,
  Il se saisit d'abord des deux burettes,
  Les admira, les suça tour à tour.
Et tandis qu'au plaisir l'écolière est livrée,
  Le vicaire fait son entrée
  Dans la chapelle de l'amour.
  Or, pas ne sais le plus de la séance,
N'étaient que trois, amour, Rose et l'amant heureux
  Mais le premier m'a dit en confidence,
  Qu'en cet instant, ivre de mille feux,
  L'amant cria : « Tonnent sur moi les dieux !
  Oui, si mourais ès bras, ma douce amie,
  Trépas soudain ne me grèverait mie. »
  Quoi qu'il en soit, ils vécurent tous deux :
  Mais si souvent se répéta la chose,
  Que quelque temps après la jeune Rose
  Eut maux de cœur, trouva d'un tiers trop court
  Son tablier. Enfin son père
Vint à s'apercevoir de l'embonpoint, un jour.
« Infâme ! Qu'est ceci ? lui dit-il en colère,

Et qui t'a fait ce tort ! — Hélas ! c'est le vicaire.
— Ah ! le coquin ! » Et le père aussitôt
    Chez l'homme saint ne fait qu'un saut.
    « C'est donc vous, monsieur le j... f...
Qui besoignez fillette de seigneur !
Jour de Dieu ! Mort !... il ne put passer outre.
— Hélas ! dit l'homme noir, tout pantois de frayeur,
    Seigneur ireux ! ne sais que voulez dire.
      — Tête ! Ventre ! — Suis innocent.
— Tu n'as pas, imposteur, fait à Rose un enfant !
— Las ! le ciel m'en préserve !... » Enfin le pauvre sire
Nie avecque serment un procédé si noir,
Atteste tous les saints qu'il prend matin et soir
    Du nénuphar. Vers sa progéniture
    Le père accourt. « Vilaine, lui dit-il,
      Quoi ! tu joins encor l'imposture
    A ton péché, maudite créature !
Et tu crois m'échapper par ce détour subtil ?
Ne t'imagine pas. Instruis-moi tout à l'heure.
Ça, quel est le larron, son état, sa demeure ?
— C'est le vicaire. — Encor ! — Oui, les deux marguilliers
    Étaient témoins. — Ah ! les sorciers !
Courons... « Et dans l'instant il va faire le diable
    Chez ces messieurs. Il revient « Misérable !
      Tu prétends donc m'en imposer,
      Avoir l'audace d'accuser

Des marguilliers ! un prêtre !... par saint Côme !
Tu vas mourir : dis ton *mea culpa*...
— Je disais vrai, pourtant, dit Rose à son papa ;
C'est le vicaire de Jérôme.

PLANCHER DE VALCOURT.

LE RÉGIME

Le lit, la diète, et sévère abstinence
D'œuvres de chair nargueront Atropos.
D'un médecin telle était l'ordonnance
A son malade épuisé de repos.
Que fait notre homme ? abreuvant la maxime
D'un bon vin vieux, d'abord il se ranime,
Mange en poète et sent du reconfort,
Court chez sa belle, où mainte fois s'escrime,
Revient au lit, où le trouvant plus fort :
« Continuez, dit Purgon, mon régime. »

LEMERCIER.

LE RHUME DE CERVEAU

Où donc t'ai-je pincée, absurde phlegmasie,
Stupide coryza, catarrhe insidieux ?
Mon pouls est enfiévré, ma pensée obscurcie.
Coulez, ma pituitaire, et vous, pleurez, mes yeux !
L'éternûment secoue en vain mon inertie.
Pidoux avec Trousseau, docteurs judicieux,
N'opposant qu'un mouchoir au mal capricieux,
Croient qu'il faut le traiter par la diplomatie,
Eh bien, je resterai farouche en mon fauteuil,
Les pieds sur les chenets et condamnant mon seuil.
A quoi bon laisser voir une face piteuse ?
Et j'aurai des mouchoirs en tas sous mon habit ;
J'en veux mouiller autant qu'un évêque en bénit,
Car je n'ai plus d'espoir qu'en vous, ma blanchisseuse.

CAMUSET.

LA FEMME MALADE

Du fond de l'Angoumois nouvellement venu,
Débarqué dans Paris, n'ayant encore rien vu,
Mais beau, mais jeune, et fait pour voir dans cette ville
   Bien des choses en peu de temps,
   Recommandé par ses parents,
Florimont se rendit chez madame Dorville.
   Seule dans un salon doré,
Par la main des beaux-arts galamment décoré,
   Avec négligence étendue,
Elle était sur un lit, sculpté, verni, brodé,
Vulgairement chaise-longue appelé.
Le jeune homme s'étonne et se trouble à sa vue.
Il craint d'être indiscret, il pense qu'elle attend
   Dans cet appareil un amant.
   Il apprend qu'elle était malade.
« Vous malade ! madame, hélas ! en vous voyant
Comment se peut-il qu'on se le persuade ?
Ces grands yeux bleus remplis dans ce moment

D'une langueur si douce et d'un feu si touchant,
    Ce teint si frais, ce coloris brillant,
Ce sein dont la blancheur m'éblouit et m'enchante,
Ne marquent pas en vous une santé constante ?
Que je plains vos beaux jours perdus dans la douleur! »
Comme il disait ces mots, on annonce un docteur,
Homme fort à la mode et fort prisé des belles :
    Aussi pour réussir près d'elles,
Pour briller dans le monde, il avait pris le nom
    De la plus aimable saison;
Il s'appelait Printemps. Il entre avec aisance,
Il salue avec grâce; il parle en souriant,
D'un ton doux, mais posé, narre avec complaisance
Les cures qu'opéra son merveilleux talent,
    Cite ses écrits et sa gloire;
Puis il conte du jour la scandaleuse histoire.
La malade en sourit. « Eh bien, dit-il, et vous ?
Comment cela va-t-il? Toujours faible, débile ;
Les nerfs sont agacés, des vapeurs ? de la bile ?...
Voyons. » Il prend son bras, il lui tâte le pouls.
« Il est assez égal... et la langue ?... est vermeille.
Cette bouche en fraîcheur n'eut jamais de pareille...
Le sein est toujours dur et le ventre tendu.
Je puis, et c'est un droit de tout temps reconnu,
    Je puis tâter et confesser les belles,
        Sur de pieuses bagatelles.

LA FEMME MALADE

Qu'on trompe un directeur; que d'un air ingénu,
      On lui dise s'être abstenu
      De manger du fruit défendu,
Nul mal de ce péché n'est jamais advenu.
Mais il faut avec nous des récits plus fidèles.
L'aveu le plus naïf aux médecins est dû.
Parlez : depuis hier que vous ne m'avez vu,
      Quel régime avez-vous tenu?
Avez-vous bien soupé, bien veillé, bien couru ?
Votre époux de ses droits a-t-il fait quelque usage?
— Lui? jamais. — Il a tort. Et vous n'avez reçu
      De nul autre un secret hommage?
      Vous souriez... J'entends... Oui, mais
      Modérément, sans doute... sans excès ?
      — Oh! non, non : je n'en fais jamais.
— Bon : je vous reconnais ; vous êtes toujours sage.
Continuez; prenez dans cette occasion
      De ces petits bols de savon,
De l'eau de veau, des bains; surtout qu'avec prudence,
Epoux, valets, parents et toute la maison
Laissent de votre sang calmer l'impatience.
      La moindre contradiction
Causerait à vos nerfs trop d'irritation.
      Qu'on redouble de complaisance. »
    Il dit, il part, il salue, en passant,
Le jeune homme, à l'écart retiré prudemment.

Le jeune homme revient vers le lit de la belle :
« Comment vous trouve-t-il ? — Beaucoup mieux, lui dit-elle.
   Mais hélas ! voici mon époux.
— Le médecin vous quitte, et comment allez-vous
Lui dit-il brusquement. — Ma maladie empire.
— Je le crois ; et comment voudriez-vous guérir
Toujours couchée ; ainsi l'humeur doit s'épaissir...
  — Ah ! vous allez encore me contredire.
Rien ne m'est plus nuisible ; et c'est précisément
Ce que le médecin, ici, vient de défendre.
Je sens que mes vapeurs vont déjà me reprendre.
— Eh ! non, non, je m'en vais. — Ah ! monsieur, en sortant,
   Dites qu'on défende ma porte.
   Je sens une douleur trop forte.
  Je ne veux voir personne absolument. »
Le jeune homme aussitôt voulut se retirer.
« Non, lui dit-elle, non ; vous pouvez demeurer.
Trop de monde fatigue, et la foule m'ennuie.
Tous ces vagues discours n'ont pour moi nul attrait.
Une seule personne a bien plus d'intérêt ;
Sa conversation calme la maladie. »
Le jeune homme étonné la parcourt des yeux.
Il rencontre les siens, si beaux, si pleins de feux,
Que sa voix s'en altère ; il tremble, il balbutie.
   En souriant elle lui prend la main,
La serre en soupirant, la porte sur son sein,

LA FEMME MALADE

    Tant est grand le mal qui l'oppresse.
« Votre mal, lui dit-il, redouble ma santé.
      Je respire la volupté.
Pardon : mais je ne puis contenir mon ivresse.
— Que faites-vous ? Ah ! ne m'attaquez pas...
Ménagez-moi du moins... Je suis trop faible... hélas !
Je vais m'évanouir... » Sa tête avec mollesse,
    Tombe à ces mots sur le coussin ;
Son œil demi-fermé ne voit plus la lumière ;
Sa prunelle se perd sous sa longue paupière,
Et de fréquents soupirs agitent son beau sein.
Mais quand de cet état elle fut revenue :
« Cruel, qu'avez-vous fait ? dit-elle tendrement.
Ah ! si ma force ainsi ne s'était point perdue,
Oui, croyez-moi, malgré votre ascendant,
     Je ne me serais point rendue ;
Ou si du moins le sort eût voulu, malgré moi,
      Que je subisse votre loi,
     Je me serais mieux défendue. »

GUDIN.

MALADIES SECRÈTES

Marquis de Rambuteau, j'aime ces labyrinthes
Dont ta main paternelle a semé nos trottoirs.
Leur front lumineux porte au sein des brouillards noirs
Le nom des Bodegas et des Eucalypsinthes.
Leurs murs sont diaprés du faîte jusqu'aux plinthes
D'avis offerts gratis à d'amers désespoirs ;
Et c'est pourquoi j'entends le long des réservoirs,
Dans le gazouillement des eaux, monter des plaintes.
O l'anxieux regard du malade éperdu
Quand il franchit ton seuil, temple du copahu !
Moi, j'en sors souriant, car j'eus des mœurs austères,
Mes organes sont purs comme ceux des agneaux.
L'âge les rend peut-être un peu moins génitaux ;
Mais ils sont demeurés largement urinaires.

CAMUSET.

Lucas et son confrère.

COMBIEN ?

« Dans notre ville où l'on voit tant d'abus,
  Disait Lucas à son confrère,
Sans vous compter, combien comptez-vous de cocus ?
— Comment, sans me compter ! reprit l'autre en colère.
  — Ne vous mettez point en courroux,
Dit Lucas, je n'ai point prétendu vous déplaire :
Eh bien, en vous comptant, combien en comptez-vous ? »

Lebrun.

ENEMA

Les lavements sont sains, je consens qu'on les donne
A toute femme enceinte. Albinus les ordonne.
Contre ces fils d'École, abhorrés en tout temps,
Et d'un impur séjour importuns habitants,
Qu'à grands coups de piston il faut chasser sans cesse,
Comme ennemis jurés de l'état de grossesse.
Les lavements, que l'art appelle émolliens,
A raison de l'effet de leurs ingrédiens,
Du sang et des humeurs maintiennent l'équilibre,
Calment les intestins, rendent le ventre libre.
En un mot, leur usage est très avantageux,
En tout temps, et surtout dans les temps orageux,
Contre les maux de tête et les fortes coliques,
Leurs effets sont divins chez les mélancoliques.

Sacombe.

LA FAUSSE COUCHE

« Qui moi! vous épouser? disait Blaise à Nanon.
Oh! pour cela, j'ai trop d'honneur, ma chère!
Vous avez fait dans la saison dernière,
  Avec Lucas un gros poupon...
 — Un gros poupon, répondit la bergère,
 Mon cher ami, c'est une fausseté ;
 Et si mon tendre amour vous touche,
Vous pouvez m'épouser en toute sûreté,
  Je n'ai fait qu'une fausse couche. »

LE RIVAL DANGEREUX

Certain docteur, grâce à la médecine,
Assassinait avec tranquillité ;
Certain Gascon, spadassin d'origine,
Assassinait aussi de son côté.
Un jour, enfin, par fortune imprévue,
Nos champions eurent une entrevue,
Où, sur un mot, naquirent vingt débats.

« Vous vous battrez. — Je ne me battrai pas.
— Vous êtes donc... — Un peu de retenue !
M'injurier serait peine perdue ;
Mon cher monsieur, jamais je ne me bats,
Mais je fais pis, prenez garde... je tue. »

MAISVRAL.

PHTHIRIUS PUBIS

Rome va s'endormir aux pieds d'un nouveau maître
En ce jour, aux sons clairs envolés de l'airain,
Le pape Sixte a mis sur son front souverain
La couronne du roi, du guerrier et du prêtre.
Pensif, il est assis à la haute fenêtre
Et goûte la fraîcheur du soir, dans l'air serein.
Or, la mystique voix d'un phthirius pèlerin,
Dans un prurit dont la caresse le pénètre,
Monte, reconnaissante, et dit : « O mon appui !
Te souvient-il des temps lointains où, pauvres hères,
Nous gardions les pourceaux en traînant nos misères,
Nous que le monde acclame et révère aujourd'hui ?
Ah ! celui-là sera plus qu'Hercule robuste
Qui me détachera de ta personne auguste !

CAMUSET.

LE SPÉCULUM

Catinette, en quelque aventure,
S'étant éraillé le satin,
Va consulter un beau matin.
On la hisse ; elle est en posture.
Un tube d'étroite ouverture
Dans un pâle reflet d'étain
Guide le regard incertain
Au sein de sa riche nature.
Voilà le bobo découvert.
A nous la flamme, à nous le fer !
Mais — ô faiblesse de la bête ! —
Son cautère à peine soufflé,
L'opérateur, courbant la tête,
Adore ce qu'il a brûlé.

CAMUSET.

LA FISTULE

  Chez un docteur des plus fameux,
Le paysan Guillaume, un matin se présente ;
  La démarche est toute tremblante,
  Il a des larmes dans les yeux.
« Voyons, dit le docteur, pas de peur ridicule ;
Qu'avez-vous ? Dépêchez, vous voyez qu'on m'attend.
— *Ce que j'ai ?* lui répond Guillaume, en hésitant.
— Allons vite, en deux mots. — *Docteur, j'ai la fistule.*
— Ah ! déshabillez-vous. — *Plaît-il ?* — Vite. — *Comment,
Que je me déshabille ?* — Eh bien, assurément !
Comment voudriez-vous... Otez-moi votre veste.
— *Hein ! Eh ! quoi ma veste ?* — Oui, le gilet et le reste.
— *Le reste ?* — Oui sans doute. — *Aussi le pantalon ?
C'est drôle tout de même.* — En finirez-vous ?... Bon.
  Maintenant, avancez. Mettez-là votre tête
  Au fond de ce fauteuil. Très bien, comme cela,
  Le reste en l'air. — *Que j'dois avoir l'air bête,*
  Se dit le paysan, *dans cette pose-là !*

— Levez votre chemise. — *Ah! mais non!* — Triple brute,
Fais ce que je te dis. » Guillaume s'exécute.
« Maintenant procédons... — *Mais vous me farfouillez!*
— Te tairas-tu, misérable imbécile!
— *Mais vous me chatouillez!*
— Te tiendras-tu tranquille! »
Et d'un index intelligent
Tout à son art et sans scrupule,
Il examine à fond le pauvre patient :
Mais il a beau chercher, pas la moindre fistule.
Il prend sa loupe, il tâte encor. « Mais tu n'as rien;
Que viens-tu me conter, drôle? — *Je le sais bien.*
— Te moques-tu de moi? — *Moi, bon Dieu!* — Toi, sans doute!
— *Excusez, docteur, mais vous faites fausse route*,
Dit Guillaume, le nez toujours dans son fauteuil,
Ce n'est pas au c..., c'est à l'œil! »

Louis Monroze.

LES DEVOIRS DU MARI

Sur leurs santés, un bourgeois et sa femme
Interrogeaient l'opérateur Barri;
Lequel leur dit : « Pour vous guérir, madame,
Baume plus sûr n'est que votre mari. »
Puis, se tournant vers l'époux amaigri :
« Pour vous, dit-il, femme vous est mortelle.
— Las! dit alors l'époux à sa femelle,
Puis qu'autrement ne pouvous-nous guérir,
Que faire donc ? — Je n'en sais rien, dit-elle ;
Mais, par saint Jean, je ne veux point mourir. »

✱ ✱ ✱

L'HUILE CALMANTE

Monsieur Satan fut beau par excellence,
L'ambition pour lui fut un écueil,
Bien mal lui prit de son impertinence,
Il fut du ciel chassé par son orgueil.
Petits docteurs pétris d'intolérance,
Moines cafards, qui dominez en France,
Ouvrez les yeux, retenez bien ceci :
La rose est là ; mais l'épine est ici.
Le diable donc, de la voûte azurée
Précipité, vint tenter les mortels.
Il eût peut-être obtenu des autels,
Tant était peu race humaine éclairée ;
Mais pour briser les pièges du malin,
On eut recours à remède certain :
A tous les saints on donna des offrandes,
On les couvrit de rubans, de guirlandes,
On fit brûler et la cire et l'encens,
Ce dont pasteurs furent peu mécontents ;
A chacun d'eux, outre le soin de l'âme,
On assigna le pouvoir de guérir,
Et d'empêcher malades de mourir,

D'arrêter l'onde et d'éteindre la flamme.
Un moine, à ce (c'était en Languedoc)
Réfléchissant, s'écria : Par mon froc !
Quoi ! saint Turpin, ce saint rempli de zèle,
Qui fut jadis honoré, vénéré,
Et du couvent le pourvoyeur fidèle,
Sera toujours au fond de sa chapelle,
Sans obtenir un seul bout de chandelle ?
Non, palsambleu, vous serez éclairé,
Monsieur le saint, vous ferez des miracles,
Et dès ce jour vous aurez pour oracles
Tous mes sermons. Voyons. Que ferez-vous ?
Faut s'arranger. Quel mal guérirons-nous ?
Réfléchissons... Ouais, mais je suis fort en peine,
Je suis à bout, et ma recherche est vaine.
Chaque tourment a son saint pour patron ;
Nous ne pouvons ôter le droit d'aubaine
A leurs prôneurs... chut ! voyons... non... oui... non..
  Si fait, vous serez, mon bon homme,
Le plus grand saint qui soit dans le canton :
Saint, mais plus saint que le pape de Rome !
Cierges bénits vous manqueront tout comme
L'eau dans la mer ; et dans notre maison
Beaux louis d'or tomberont à foison.
Ça, vous serez de la chair trop mutine,
Des feux trop vifs, le médecin banal :

L'HUILE CALMANTE

Satyriasis et fureur utérine
Ressortiront à votre tribunal ;
Vous deviendrez, grâce au panégyriste,
De Don Quichotte illustre antagoniste ;
De tous les torts il était redresseur,
Et vous, des droits serez le rabaisseur.
Si les esprits, frappés pour l'ordinaire,
Pour bien guérir ne l'étaient pas assez,
A l'instant, crac, dans chaque scapulaire
Un peu de camphre, et les feux sont passés,
Si de la chair l'aiguillon trop superbe
Résiste encore à l'efficacité,
Zest, aussitôt un breuvage apprêté,
Camphre dissous l'ensevelit sous l'herbe ;
Et ce nectar, redoutable au malin,
Sera nommé l'huile de saint Turpin.
Il dit, sourit, fabrique et monte en chaire.
« Écoutez-moi, créatures de Dieu,
Dit le pater, d'une voix de tonnerre,
Si parmi vous il en est en ce lieu
Qui de la chair, esclave involontaire,
    Ne puisse apprendre à se taire,
Qu'il ait recours au bienheureux Turpin.
Oui : ce grand saint, ce saint des saints, enfin,
Mate la chair, il en éteint la flamme.
Que d'autres saints sur les vices du corps

Aillent ailleurs employer leurs efforts;
C'est saint Turpin qui guérit ceux de l'âme.
Pour les chasser, il n'a qu'à le vouloir;
Et j'ai moi-même éprouvé son pouvoir.
Oui, moi, pécheur et créature indigne,
Il m'a comblé de cette grâce insigne,
Il a voulu, par sa toute bonté,
Porter remède à mon infirmité... »
Un brouhaha s'élève en l'auditoire...
Oh! le grand saint! qui l'eût jamais pu croire!
Se disait-on : quoi le père Frappart,
Le plus fringant, le plus grand égrillard
Qu'on ait jamais connu dans la province;
Il ne fait plus !... essayons dès ce soir.
Le sermon fait, on s'assemble au parloir :
Jeunes et vieux, tout bourgeois riche ou mince.
Robins, curés, dévotes et prélats,
Abbés, tendrons, tout arrive en un tas.
« Préservez-moi, disait une bigote,
D'avoir toujours en tête dom Prieur!
— Accordez-moi, criait l'autre dévote,
De résister aux feux d'un directeur!
— Que de Manon, disait tout bas un moine,
J'oublie enfin les agaçants tétons !
— Que de Babet, marmottait un chanoine,
Je n'aille plus vers le lit à tâtons!

— Des agréments de ma solliciteuse,
Disait Dandin détournez mes regards !
— Que pour mon rang ma servante amoureuse,
Disait Jean Chouard, ait au moins des égards. »
Lors le frater, prononçant les oracles,
A chacun d'eux fit présent d'un agnus,
Se fit payer de quelques oremus,
Et leur promit qu'ils verraient des miracles,
Si quelques-uns la liqueur fit effet,
Si que le saint fut bientôt à la mode,
Et dans un lieu plus propre et plus commode
Fut transporté. Certain gentil objet
Un vrai bijou, d'étés comptant dix-sept,
Au demeurant, fraîche comme la rose
Qui sur sa tige au matin est éclose,
Bouche friande et nez narguant l'amour,
Tétons de neige et taille faite au tour,
Vint consulter le pater à son tour.
Le révérend, lorgnant la jouvencelle,
« Vertu de froc, dit-il, elle est pucelle !
Père frater, c'est un friand morceau,
Il te le faut accrocher bien et beau... »
En conséquence, il donne à la fillette
Non la liqueur qu'il a soin de vanter,
Mais Hippocras, qui doit sur la pauvrette
Faire un effet dont il croit profiter.

« Allez, dit-il, ma chère brebiette
En toute paix buvez cette liqueur,
Et revenez voir votre directeur
Avant huit jours... » La bouteille était pleine,
Agathe but, en sentit le pouvoir,
Et vers le père, au bout de la huitaine,
Vite revient, le demande au parloir.
« Asseyez-vous, dit-il, ma douce amie,
N'ayez pas peur; étant aussi jolie,
On doit... — Je viens encor pour implorer
L'aide du saint... — Eh bien! pourquoi pleurer?
Rassurez-vous, mon enfant. On vous nomme?...
— Agathe. — Agathe! Eh bien, dit le saint homme,
Qui s'attendait à la dépayser,
C'est un beau nom, qu'on ne peut trop priser;
Oui, c'est le nom d'une pierre très belle,
Très précieuse, et vous l'êtes comme elle.
Dieux! quel plaisir j'aurais à la graver!
— Graver? mon père? hélas! je le désire;
Mais j'ai bien peur... — Comment l'entendez-vous,
— Je dis, hélas, qu'il me serait bien doux
Que le bon saint voulût de mon martyre...
— Ah! oui, j'entends, quelques démangeaisons!
Eh bien, eh bien, contez-moi vos raisons.
— Depuis six mois, lui dit la pastourelle,
Certain désir m'entraîne vers Collin...

— Ah! mon enfant, chassez-moi ce coquin,
Vous vous damnez. — Je le sais bien, dit-elle,
Mais ce Colin, il est si séduisant!
Adroit fripon! il me caresse tant!
— Comment? Colin, dites-vous, vous caresse!
— Mais hélas! oui. Je n'en fus pas maîtresse.
Un beau matin que ma mère sortit,
Il vint chez nous, j'étais encore au lit,
Il m'adorait!... il cessa d'être sage...
(Ici les pleurs inondaient son visage),
Et j'espérais que mon grand saint Turpin
De mon esprit ferait sortir Colin;
C'est encor pis, cette huile bienfaisante
Semble embraser plus encor son amante;
Avant ce temps, il venait dans mes bras,
Je l'attendais; mais plus impatiente,
Je cours moi-même au-devant de ses pas... »
— Au diable soit et le saint et son huile,
Dit à part soi le frater rêvassant,
Point ne croyais agir pour ce manant; —
« Allez, ma mie, il est fort inutile
Que vous ayez recours à mes agnus.
Monsieur Turpin guérit filles bien sages,
Tant qu'elles ont gardé leurs pucelages;
Mais il est sourd quand elles ne l'ont plus. »

WILLEMAIN D'ABANCOURT.

L'INCONVÉNIENT D'ÊTRE BORGNE

Dans sa chambre Dorine était avec Léandre,
    Quand son mari, qu'elle croyait bien loin.
       A la porte se fit entendre.
L'amant n'eut que le temps de se mettre en un coin
    Où l'on pouvait aisément le surprendre.
       Quel incident! quel embarras!
Dorine habilement se tira de ce pas.
      Par je ne sais quelle aventure,
    Son cher époux ne voyait que d'un œil.
Avec tous les dehors d'une tendresse pure
      La perfide lui fit accueil.
« Vous voilà mon ami, mon Dieu, que je suis aise
De vous revoir déjà! Je dormais sur ma chaise :
Vous m'avez éveillée en montant l'escalier.
Ah! que je viens de faire un rêve singulier!
      J'en ai l'âme encor tout émue :
      Je rêvais que de ce côté
      Vous aviez recouvré la vue :
Que j'éprouve à l'instant si c'est la vérité! »
      Aussitôt, l'adroite Dorine

Ombrage de sa main le bon œil du mari,
    Et faisant signe au favori
    De dénicher à la sourdine,
  Elle demande à ce crédule époux :
    « Eh bien! Damis que voyez-vous?...
— Rien. — Tout de bon? — Non, rien; quelle folie
Non, je ne fus jamais plus borgne de ma vie!
— Ah! dit-elle affectant une vive douleur,
    Pourquoi faut-il qu'un songe si flatteur
    A mon esprit n'ait offert qu'une fable?
      Hélas! au gré de mon amour.
      Damis, puisé-je voir un jour
      Vos yeux l'un à l'autre semblable! »

                        HARDUIN.

DIALOGUE INTRA-UTÉRIN

Deux jumeaux non éclos, s'ennuyant dans leur ventre,
Causaient. — « Chut, dit l'un, voilà papa qui rentre,
Range-toi, fais-lui place, il a l'air très pressé.
— Non, je vais au-devant, afin d'être embrassé...
Ah! mais qu'a donc papa?... Cette ardeur insolite....
— Nigaud! tu ne vois pas que c'est une visite!!! »

                        ★★★

L'EMBRYON

Dans un village de Bourgogne,
Grégoire un jour, fameux buveur,
Au gosier sec, à rouge trogne,
Chez un sien cousin accoucheur,
Etait de fête. Or, saurez que le sire
Tant s'en donna qu'on fut réduit
A le porter à quatre dans un lit,
Où le sommeil vint à bout de détruire
De son cerveau les bachiques vapeurs :
Si qu'à la fin sire Grégoire,
Pressé par un désir de boire,
Sortit du lit pour figurer ailleurs.
Par hasard sur la cheminée,
Il avise un bocal : « Oh! dit-il, qu'est ceci ? »
Il le débouche et flaire : « Oh! oh! parbleu, voici
Du brandevin; buvons. » Et de sa destinée,
Il s'applaudit en buvant à longs traits.
Tout allait bien jusque-là. Mais
Grégoire enfin sent quelque chose
Autre que la liqueur; lors il fait un repos,

L'EMBRYON

Puis au grand jour le bocal il expose :
« Corbleu, dit-il, ce sont des abricots!
Tubleu, c'est du bonbon! Avalons. » Il avale.
Or, vous saurez que l'abricot divin,
Dont notre buveur se régale,
N'était qu'un embryon dans de l'esprit-de-vin.

***

LE MÉDECIN DU ROI

Un médecin d'ignorance accomplie
Chez moi débuta l'autre jour,
En me disant : Monsieur, je vous supplie
En ma faveur d'écrire à votre cour.
— Et pour quel sujet, je vous prie?
Le roi me fait venir pour être... — Quoi? — Son... — Hem!
Cordonnier? — Médecin. — Médecin!... je m'écrie!
Domine, salvum fac regem.

***

PRÉSERVATIFS

Près d'un « objet charmant »
Lorsque l'amour m'appelle,
Avant de voir la belle,
Je passe chez Millant.
Là, du petit au grand,
Pend une ribambelle
De boyaux qu'avec zèle
Il gonfle en y soufflant.
Enfin ! j'ai ma mesure.
Au sein de la luxure,
Vite allons nous plonger.
Caché dans la baudruche,
Je veux comme l'autruche,
Ne plus croire au danger.

Camuset.

LA PRÉCAUTION

La femme d'un sous-chef dans un grand ministère,
Ambitieuse et jolie et d'un bon caractère,
      Sentant venir un mouvement,
      Désirait de l'avancement.
    Elle demande une audience
        A la jeune Excellence.
Qui présidait alors aux destins du pays.
Or, il aimait le sexe et sans en être haï,
Car pour être ministre on n'en est pas moins homme.
Et plus d'un, comme Adam, aurait croqué la pomme,
Donc après exposé de la situation,
On demande au ministre outre sa protection,
        Sa signature.
        La procédure
      Est connue en tel cas :
La femme n'était mal ni le ministre las ;
      Mais madame la fonctionnaire,
        Tout en devenant moins sévère
        Et voulant de l'avancement,
        Ne voulait pourtant pas d'enfant.

Chacun sait qu'en pareille affaire
Il est un procédé tout à fait ordinaire :
    Mais, dans sa précipitation,
  Elle avait oublié sa précaution,
    La pensant dans ce cas inutile.
      Cependant une femme habile
      N'est jamais prise au dépourvu ;
Une formalité, quel qu'en fût l'imprévu
       Ne la saurait surprendre,
       Et la nôtre sut prendre,
     Malgré tout un préservatif.
     D'un geste rapide et furtif,
    Elle saisit dans l'écritoire
    L'éponge humide d'encre noire.
Tandis que le ministre, occupé du verrou,
Arrange la serrure, en calfeutre le trou,
L'éponge disparaît, et l'Excellence en flamme
Ne songe à la chercher, mais sait trouver la femme.
       Ici-bas, tout bonheur
       Est suivi d'un malheur.
Le mari fut nommé, la femme satisfaite.
Mais la pauvre Excellence devint bien inquiète
       Quand, jetant son regard.
       Par le plus grand hasard,
     Le lendemain à sa toilette,
     Sur ce qui sort par sa braguette,

Elle voit... vous devinez, amis lecteurs?
On appelle à l'instant les plus fameux docteurs,
L'Etat est en rumeur, et par toute la France
On cite Ferronnière et l'on crie vengeance !
La Faculté pensive examine le cas,
Se consulte en secret et se parle tout bas ;
   Puis le doyen très grave,
S'adressant au patient, qui, tremblant, fait le brave,
Depuis quand, Monseigneur, lui dit le vieux routier,
Avez-vous des rapports avec votre encrier !

***

LE LAIT D'ANESSE

  Par sa bonté, par sa substance,
Le lait de mon ânessse a refait ma santé,
 Et je dois plus en cette circonstance
  Aux ânes qu'à la Faculté.

***

PLAINTES D'UN GONORRHÉIQUE

Ma foy, je fus bien de la feste,
Quand je fis chez vous ce repas ;
Je trouvay la poudre à la teste
Mais le poivre était vers le bas.

Vous me montrez un Dieu propice,
Portant avec l'arc un brandon,
Appelez-vous la chaudepisse
Une flèche de Cupidon !

Mon cas, qui se lève et se hausse,
Bave d'une étrange façon ;
Belle, vous fournîtes la sauce,
Lorsque je fournis le poisson.

Las ! si ce membre eut l'arrogance
De fouiller trop les lieux sacrés,
Qu'on lui pardonne son offense,
Car il pleure assez ses péchés.

REGNIER.

LES PROPRIÉTÉS DU VIN

Je ne trouve en ma médecine
Simple qui soit plus excellent
Que la noble plante de vigne,
D'où le bon vin clairet provient.

Il n'y a chez l'apothicaire,
De drogue que je prise mieux
Que ce bon vin qui me fait faire
Le sang bon et l'esprit joyeux.

Qu'on ne m'apporte point de casse
Et qu'on ne courre au médecin :
De vin qu'on emplisse ma tasse,
Qui me voudra rendre bien sain !

Et mon *recipe* qu'on ordonne
Que je boiray vin d'Orléans :
La recette me sera bonne.
Les médecins, honnestes gens.

Mais s'ils m'ordonnent de l'eau douce
Ou la tisane simplement,
Sont gens qui veulent tout d'escousse
Me faire mourir pourement.

Je ne veux ni laict, ni fruitage :
De ce, je ne suis point friand ;
Mais je vendrais mon héritage,
Pour avoir de ce vin riant.

Oh ! que c'est dure départie
De ma bouche et de ce bon vin !
A tous ceux-là je porte envie,
Qui ont encore le verre plein.

Olivier Basselin.

LA FEMME DE CLAUDE

Quand de Claude assoupi la nuit ferme les yeux,
D'un obscur vêtement sa femme enveloppée,
Seule avec une esclave, et dans l'ombre échappée,
Préfère à ce palais tout plein de ses aïeux
Des plus viles Phrynés le repaire odieux.
Pour y mieux avilir le sang qu'elle profane,
Elle emprunte à dessein un nom de courtisane :
Son nom est Lycisca. Ces exécrables murs,
La lampe suspendue à leurs dômes obscurs.
Des plus affreux plaisirs, la trace encore récente,
Rien ne peut réprimer l'ardeur qui la tourmente :
Un lit dur et grossier charme plus ses regards
Que l'oreiller de pourpre où dorment les Césars.
Tous ceux que dans cet antre appelle la nuit sombre,
Son regard les invite et n'en craint pas le nombre.
Son sein nu, haletant qu'attache un réseau d'or,
Les défie et triomphe et les défie encor.
C'est là que, dévouée à d'infâmes caresses,
Des muletiers de Rome épuisant les tendresses,

Noble Britannicus, sur un lit effronté,
Elle étale à tes yeux les flancs qui t'ont porté !
L'aurore enfin paraît, et sa main adultère
Des faveurs de la nuit réclame le salaire.
Elle quitte à regret ces immondes parvis ;
Ses sens sont fatigués, mais non pas assouvis.
Elle rentre au palais, hideuse, échevelée :
Elle rentre ; et l'odeur autour d'elle exhalée
Va, sous le dais sacré du lit des empereurs.
Révéler de sa nuit les lubriques fureurs.

Juvénal (trad. de Fontanes).

LA CAPILLARITÉ

Le sacristain d'un couvent séraphique
Faisait trembler et le chœur et la nef,
Tant il criait : « Voyez cette relique ;
C'est un cheveu, messieurs, de saint Joseph ! »
Lors un quidam, en s'approchant tout contre :
« Si je le vois je veux être pendu.
— Belle raison, dit l'autre, je le montre
Depuis vingt ans sans l'avoir jamais vu. »

J.-B. Jouy

TRAITEMENT DE LA GOUTTE

Un quarteron d'indifférence,
Autant de résolution,
Dont vous ferez infusion
Avec le jus de patience;
Point de procès, force gaité,
Deux onces de société,
Avec deux dragmes d'exercice;
Point de souci, ni d'avarice,
Trois bons grains de dévotion,
Point de nouvelle opinion;
Vous mêlerez le tout ensemble,
Pour en prendre, si bon vous semble,
Autant le soir que le matin.
Avec un doigt de fort bon vin;
Et verrez que cette pratique
Au médecin fera la nique!

PERRAULT DE MÉDECIN DEVENU ARCHITECTE

Dans Florence jadis vivait un médecin,
Savant hâbleur, dit-on, et célèbre assassin.
Lui seul y fit longtemps la publique misère :
Là, le fils orphelin lui redemande un père;
Ici, le frère pleure un frère empoisonné.
L'un meurt vide de sang, l'autre plein de séné;
Le rhume à son aspect se change en pleurésie,
Et par lui la migraine est bientôt frénésie.
Il quitte enfin la ville en tous lieux détesté.
De tous ses amis morts, un seul ami resté,
Le mène à sa maison de superbe structure;
C'était un riche abbé, fou de l'architecture.
Le médecin d'abord semble né dans cet art;
Déjà de bâtiments parle comme Mansard;
D'un salon qu'on élève il condamne la face;
Au vestibule obscur il marque une autre place;
Approuve l'escalier tourné d'autre façon.
Son ami le conçoit et mande son maçon.

PERRAULT DE MÉDECIN DEVENU ARCHITECTE

Le maçon vient, écoute, approuve et se corrige
Enfin, pour abréger un si plaisant prodige,
Notre assassin renonce à son art inhumain,
Et désormais la règle et l'équerre à la main,
Laissant de Galien la science suspecte,
De méchant médecin devient bon architecte.
Son exemple est pour nous un prétexte excellent :
Soyez plutôt maçon, si c'est votre talent,
Ouvrier estimé dans un art nécessaire,
Qu'écrivain du commun et poète vulgaire.

BOILEAU.

LE VIN ET LA GOUTTE

Sous peine de la goutte, un médecin m'ordonne
  De quitter l'usage du vin.
Mais loin de renoncer à ce jus divin,
  J'achève de vuider ma tonne.
Laquais, vite à grands flots, remplis-moi ce cristal :
  Si le vin engendre la goutte,
Boire jusqu'à la lie est le secret sans doute
  De tarir la source du mal.

A MALTHUS

Je cherche un petit bois touffu
    Que vous portez, Aminthe,
Qui couvre, s'il n'est pas tondu,
    Un gentil labyrinthe.
Tous les mois on voit quelques fleurs
    Colorer le rivage;
Laissez-moi verser quelques pleurs
    Dans ce joli bocage.
— Allez, monsieur, porter vos pleurs
    Sur un autre rivage.
Vous pourriez bien gâter les fleurs
    De mon joli bocage.
Car, si vous pleurez tout de bon,
    Des pleurs comme les vôtres
Pourraient, dans une autre saison,
    M'en faire verser d'autres.
— Quoi ! vous craignez l'événement
    De l'amoureux mystère?
Vous ne savez donc pas comment
    On agit à Cythère?

L'amant, modérant sa raison,
    Dans cette aimable guerre,
Sait bien arroser le gazon
    Sans imbiber la terre.
— Je voudrais bien, mon cher amant,
    Hasarder pour vous plaire ;
Mais, dans ce fortuné moment,
    On ne se connaît guère ;
L'amour maîtrisant vos désirs,
    Vous ne seriez plus maître
De retrancher de vos plaisirs
    Ce qui vous donna l'être.

VOLTAIRE.

L'HOMME QUI NE FINIT RIEN

« Vous voulez être tout, poëte, historien,
Philosophe, orateur, peintre, médecin,
    Disait à Jean certaine dame :
Mais vous commencez tout et ne finissez rien.
    — Las ! répond Jean, je le sais bien,
Et c'est chaque matin ce que me dit ma femme. »

DAVESNE.

PRINCIPES SUR LES ACCOUCHEMENTS

Je sais, vous direz-vous, je sais que la matrice
Doit agir sur l'enfant par sa force expultrice.
Que, semblable à la vis qui tourne en avançant,
L'enfant, dans le bassin tourne en le franchissant.
Qu'à la forme d'un œuf réduit par la matrice,
Ou sa tête ou ses pieds s'offrent à l'orifice.
Que le rapport parfait de l'enfant aux détroits,
Ne rend jamais pour lui les bassins trop étroits.
Que du chef de l'enfant la plus grande étendue,
Aux épaules toujours fraye une libre issue.
Quand de l'enfant à terme on fait l'extraction,
On attend la douleur pour chaque attraction.
Des membranes craignez d'opérer la rupture,
Laissez, le plus souvent, ce soin à la nature.
La routine a prescrit, mais la raison défend
De lier les vaisseaux du cordon à l'enfant.
Le *travail* est toujours l'œuvre de la nature;
On la trouble en mettant la femme à la torture.

Respectez le *travail* ; mais, d'un œil curieux,
Observez quel agent le rend laborieux.
Dans les convulsions ou la perte utérine,
Il faut que, sur-le-champ, le *travail* se termine.
Dans le cas d'inertie, après l'enfantement,
L'art doit contre la perte agir très promptement.

Sacombe. (*La Luciniade*.)

SECRET POUR LA VUE

Un jeune gars s'accusait d'avoir pris
Le grand plaisir à qui tout autre cède.
Le confesseur lui dit d'un air surpris :
« Tison d'enfer ! quel démon te possède ?
Pouvant trouver dans le jeûne un remède
Contre la chair, te damner pour si peu ! »
L'autre répond qu'il a lu que ce jeu
Rend l'œil plus clair, les visières plus nettes.
« Eh ! gros butor ! reprit le moine en feu,
S'il était vrai, porterais-je lunettes ? »

J.-B. Rousseau.

LA CALVITIE

Coiffeur ! tu me trompais, quand, par tes artifices,
Tu disais raffermir mes cheveux défaillants.
Ceux qu'avaient épargnés tes fers aux mors brûlants,
Tu les assassinais d'eaux régénératrices !
Tu m'as causé, coiffeur, de si grands préjudices,
Que je te voudrais voir, ayant perdu le sens,
Sur toi-même épuiser tes drogues corruptrices
Et tourner contre toi tes engins malfaisants.
Ainsi, quand l'ouragan s'abat sur la futaie,
D'un souffle destructeur il arrache et balaie
La verte frondaison qui jonche le chemin.
Au bocage pareil, mon front est sans mystère.
Il ne me reste plus un cheveu sur la tête,
Et je gémis, songeant au crâne de Robin.

CAMUSET.

LA CALVITIE

BLENNORRHAGIE

Dieux ! qu'il a l'air farouche et qu'il fait mal à voir !
Ecumant et meurtri comme un loup pris au piège,
En ses flancs déchirés grince un fer de rasoir.
Qui l'abreuve ? Chopart. Et qui le nourrit ? Mège.
Eux cependant, blottis au fond du suspensoir
Dont le souple réseau les berce et les protège,
Pareils à deux oiseaux frileux, fuyant la neige,
Ils reposent et rien n'émeut leur nonchaloir.
Ne rappellent-ils pas, tant leur retraite est douce,
Acis et Galatée endormis sur la mousse
Dans la grotte qui vit leurs amours ; et, sur eux,
La main crispée au sol, le Cyclope hideux
Penchant son œil unique, où la rage impuissante
Fait lentement couler une larme brûlante ?

CAMUSET.

DESCRIPTION ANATOMIQUE

Au pied d'un joli mont, à Vénus consacré,
Dans un vallon charmant, au sein d'un bois sacré,
Est un temple fameux, dont la simple structure
Semble indiquer l'asile où se plaît la Nature.
Là, sur leur trône assis, l'Amour et le Désir,
Du doigt, en souriant, appellent le Plaisir.
Un fleuve, sous leurs pieds, guidé par deux Naïades,
Ou s'élance en torrent, ou retombe en cascades,
Dans un bassin vermeil, de fleurs environné.
Caché dans le parvis d'où le dieu du Mystère,
Par un sentier étroit, conduit au sanctuaire.
De son auguste enceinte, ouverte aux deux côtés,
L'œil ne peut se lasser d'admirer les beautés.
C'est dans ce sanctuaire, asile impénétrable,
D'un tissu merveilleux, d'une forme admirable,
De l'Amour, de l'Hymen mystérieux réduit,
Qu'au sein des voluptés, le monde est reproduit.

Sacombe.

L'ACCORD MÉDICAL

Le médecin Tant-Pis allait voir un malade
Que visitait aussi son confrère Tant-Mieux.
Ce dernier espérait, quoique son camarade
Soutînt que le malade irait voir ses aïeux.
Tous deux s'étant trouvés différents pour la cure,
Leur malade paya tribut à la nature,
Après qu'en ses conseils Tant-Pis eut été cru.
Ils triomphaient encor sur cette maladie.
L'un disait : il est mort ; je l'avais bien prévu.
S'il m'eût cru, disait l'autre, il serait plein de vie.

La Fontaine.

LE DENTISTE

Une belle dame, à Paris,
Où chaque femme a cent maris,
Disait un jour à son époux fidèle
Qu'elle sentait une douleur cruelle,
Que les dents lui faisaient un mal
Qui n'avait jamais eu d'égal ;
Et le priait qu'il envoyât sur l'heure
Chercher un arracheur de dents :
Elle lui dit son nom et sa demeure ;
Mais qu'il vînt aussitôt la voir, sans perdre temps.
L'époux y va lui-même et l'amène à sa femme,
Qui se plaignait toujours. Il dit à l'arracheur :
« Faites votre métier. Je vous laisse Madame ;
Je ne saurais lui voir souffrir tant de douleurs. »
Sitôt que le mari fidèle
Eut laissé l'arracheur seul avec cette belle,
Cet amant déguisé la jeta sur le lit,
Et dans un amoureux déduit,
Tout plein d'amour et de courage,
Il lui fit passer toute rage.

LE DENTISTE

Un enfant curieux les vit en cet état,
    Par la chatière de la porte,
    Et remarqua de quelle sorte
    Avait fini ce doux combat.
    Le mari revient et demande
Si sa femme a souffert une douleur bien grande.
    Ce petit enfant curieux
Lui répond, en pleurant et frottant ses deux yeux :
« Papa, j'ai vu comment la chose s'est passée,
Ce méchant arracheur vient de tirer, hélas !
A maman, ah ! peut-on en souffrir la pensée ?
Du d..., une dent plus longue que mon bras. »

Les enfants, bien souvent, en de pareilles choses,
    Ont découvert le pot aux roses.

                              ***

L'AVARE ET LE CLYSTÈRE

Harpagon est malade. Or, Purgon lui fait prendre
Un clystère, et lui dit ensuite : — Il faut le rendre !
    — Jamais ! fait l'autre entre ses draps.

        MORALITÉ
    L'avare meurt, mais ne rend pas.

                              ***

L'ÉQUIVOQUE

Hu ! mon docteur, disait dame Simone,
A son baudet qui marchait pas à pas.
Près d'elle, par hasard, un docteur de Sorbonne
Passait. Il se retourne : « Eh ! est-ce à moi, ma bonne,
Que vous parlez ? — Non pas, monsieur, non pas,
Lui repartit aussitôt la commère,
A tous seigneurs, comme on dit, tous honneurs.
— Pourquoi donc ce mot, bonne mère ?
— C'est qu'ici j'appelons les ânes des docteurs. »

***

ÉCHANGE

O merveilleux apothicaire,
De toi je vais prendre un clystère,
M'en dût-il coûter un écu :
Je n'en plaindrai point la dépense,
Tu vas me montrer la science,
Et je vais te montrer le c...

***

Gonelle, homme plaisant.

LE NOMBRE DES MÉDECINS

Gonelle, homme plaisant et d'un mérite rare,
  Était au prince de Ferrare,
  Qui l'estimait infiniment.
En effet, il faisait mille bouffonneries,
  Et toutes ces plaisanteries
Étaient pleines de sel et d'un grand agrément.
Un jour près d'un ruisseau, le prince assis à l'ombre,
Et sa cour avec lui, Gonelle étant du nombre,
  On agita la question
  Quelle était la profession
  A Ferrare la plus commune.
— Celle des médecins, dit Gonelle à l'instant.

— Tu rêves, dit le prince, et je sais qu'à présent
  Elle est moins commune qu'aucune :
  Ils sont tout au plus cinq ou six.
— La chose, dit Gonelle, est comme je la dis.
  Votre Altesse peut bien m'en croire ;
Mon humeur, comme on sait, n'est pas d'en faire accroire.
  Ce ne sont point contes frivoles.
— Je le veux, dit le Prince, et gage cent pistoles,
  Nous verrons qui les gagnera.
Deux jours après, Gonelle enveloppa sa face,
  Et s'en vint dans la grande place,
  En se plaignant du mal de dents :
  Aussitôt quantité de gens
Lui marquèrent la part qu'ils prenaient à sa peine.
Chacun en même temps un remède enseignait ;
Le remède et les noms lui-même il écrivait,
  Dont il eut mainte page pleine.
  Le Prince ayant passé par là,
Le vit en cet état, dont il lui témoigna
  Qu'il avait un chagrin extrême,
Et pour guérir son mal un remède enseigna ;
  Tous les seigneurs firent de même.
  Gonelle, dès le lendemain,
S'en revint à la cour avec la liste en main,
  Où le Prince était à la tête.
— Monseigneur, lui dit-il en la lui présentant,

Des médecins d'ici j'ai fait exacte enquête,
Les voici par écrit en nombre compétent;
  On n'en trouvera point autant
De tout autre métier, c'est une chose sûre :
  Voilà ce que j'ai prétendu;
  Partant j'ai gagné la gageure.
De la liste, le Prince ayant fait lecture,
  Avoua qu'il avait perdu.

BARATON.

L'EXCÈS DE LA DOULEUR

Le même jour que sa femme mourut,
Paul de si près talonnait sa servante,
Qu'au premier cri poussé par l'innocente,
Un peu trop tard dame Alix accourut.
« L'ai-je bien vu? Quoi! le démon vous tente
Dès aujourd'hui! quel effroyable trait!
Ah! mon neveu, j'en frémis! — Ah! ma tante,
Dans la douleur sait-on ce que l'on fait?

PONS, de Verdun.

TRAITEMENT ÉROTIQUE

Depuis le jour où je t'ai vue,
Sais-tu bien, mignonne, que j'ai
Le cœur affreusement rongé
Par l'ennui, ce cancer qui tue,
Puisque ton regard allécheur
Est la cause de ce gros drame,
Vous êtes trop bonne, Madame,
Pour vouloir la mort du pécheur.
Viens, de tes baisers magnétiques,
Égayer mes nuits spleenétiques;
Viens, ô docteur prestigieux!
Mettre sur mon ennui farouche,
Le cataplasme de ta bouche,
Et le cautère de tes yeux.

Léo Trézenick.

Une jeune gouvernante.

L'AGE LÉGAL

Certain évêque, ennemi de abus,
Trouvant chez un curé deux jeunes gouvernantes :
« Optime ! lui dit-il, vingt ans ! vingt ans au plus !
Deux à la fois, et vertes et fringantes !
Vous ignorez donc mes statuts !
— Monseigneur, ils me sont connus ;
Moi-même et l'archiprêtre, ensemble nous les lûmes ;
Vous exigez quarante ans révolus :
Je les ai pris en deux volumes. »

GUYÉTANT.

LE CHOIX D'UNE STATUE

Pourquoi, me direz-vous, toujours parler de nonnes,
  Et de moines et de couvents?
 Pourquoi? mordieu! C'est qu'elles sont si bonnes
  Leurs histoires! De tous les temps
Sur eux on fit des contes ravissants.
  Les paladins de Charlemagne
  Et tous les Laras de l'Espagne,
  Artus, voire même Roland,
  Ne firent jamais de merveilles
  Que l'on puisse tenir pareilles
  A celles des nonnes de Gand.
  A quel ordre appartenaient-elles?
  Mais... à celui de Saint-François...
  N'est-ce pas ce grand saint, je crois,
  Dont les vertus surnaturelles,
  A l'époux qui n'en avait point,
  Accordait des fils et des filles,
  Quand les femmes étaient gentilles,
En leur prêtant sa chausse et son pourpoint.
Oui, c'est cela, lecteur, et vous tenez le joint.

Or, maintenant, voici le conte
Que je brûle de raconter,
Et que vous grillez d'écouter...
N'y mettons pas de fausse honte...
Donc, les nonnes de ce couvent
Possédaient une galerie
De nobles saints bien assortie,
Et dont l'aspect était charmant...
Des vieux, d'autres pleins de jeunesse,
Puis des chauves et des barbus,
D'aucuns, mépriseurs de richesse,
Enfin un recueil de vertus...
Et puis encore de chaque nonne,
Et le patron et la patronne,
Dans leurs niches bien installés,
Bien vêtus et bien constellés,
S'offraient aux yeux émerveillés !...
Mais comme il n'est pas en ce monde
Pour aucun de bonheur parfait,
La mère, un soir faisant sa ronde,
Fit tomber le saint qu'elle aimait,
Il se brisa sur le parquet...
« Venez vite ! sœur Isabelle,
Courons ensemble lui, dit-elle,
Il faut aller chez le sculpteur
Pour réparer notre malheur...

— Mais il est tard, ma bonne mère,
Et la nuit va bientôt venir.
Comment faire pour bien choisir?
— On se servira de lumière
S'il le faut..., mais venez, partons. »
Et les voilà, presque à tâtons,
Arrivant chez le statuaire,
Devant qui, juste à ce moment,
Posait un modèle charmant
Et dont la force musculaire
Le jetait dans l'étonnement
Imaginez-vous un jeune homme
De peau blanche et brun de cheveux,
Ayant la fraîcheur de la pomme,
Un éclair d'amour dans les yeux,
Une taille fine et bien prise,
Petits pieds et petites mains,
Des lèvres rouge de cerise,
Posé carrément sur ses reins...
Au bruit que firent les nonnettes,
En apercevant leurs cornettes,
Le modèle fut, d'un seul bond,
Dans une niche, vers le fond
De l'atelier, et puis là, sans mot dire,
Quoique bien désireux de rire,
Dénué de tout vêtement,
Il attendit le dénouement.

« Que me veut madame l'abbesse?
Demande le sculpteur ému,
Tremblant que la mère l'eût vu.
— Le voici... j'ai, par maladresse,
Brisé notre saint vénéré
En voulant le changer de place;
Il faut donc que je le remplace.
J'en veux un fait selon mon gré,
De pierre, de marbre ou de pâte;
Mais vite, choisissons, j'ai hâte... »
Et le sculpteur, embarrassé,
Va projetant une lumière,
A droite, à gauche, en avant, en arrière,
Tout bas disant : « Où diable est-il passé? »
Quand, tout à coup, la novice nonnette
Isabelle s'écrie : — Oh! oui, c'est bien cela...
Voyez, ma mère, en cette niche-là,
De votre saint une image parfaite;
Son regard prie et sa langue est muette...
Pour nous, sculpteur, vous l'avez fait exprès;
Tout est au mieux, sa pose, sa stature...
Et puis je vois... on pourra, je vous jure,
    Y suspendre nos chapelets!... »

***

L'ART DE FÉCONDER ET D'AMÉLIORER LES ESPÈCES

« Veux-tu de beaux épis voir ton champ couronné ?
Garde-toi d'y semer le blé dont il est père :
Fais choix d'un autre grain né dans une autre terre,
Remplis-en tes sillons ! tu seras étonné
Des progrès qu'y fera cette race étrangère.
Veux-tu que tes vergers, rendus plus abondants,
Te rapportent des fruits qui soient plus succulents ?
Dans tes arbres il faut que ton adresse insère
Les rameaux nourrissants d'une branche adultère.
Tes troupeaux bondissants, tes coursiers vigoureux,
Bornés dans leurs amours, s'accouplent-ils entre eux ?
Leur race sans mélange aussitôt dégénère.
Appelle à ton secours des amants inconnus,
Croise leurs unions ou tes soins sont perdus.
Avec un étranger que la fille soit mère ;
Que le fils cherche au loin une épouse étrangère :
Tout te prospère alors, tout répond à tes vœux :
Leur race s'ennoblit, elle est mâle, elle est fière,
Et leurs enfants plus beaux deviennent plus nombreux

C'est ce qu'ignoraient les aïeux
D'un très grand baron d'Allemagne.
Pour conserver leur sang fameux,
Pour posséder noble compagne,
Toujours ils s'alliaient entre eux.
Or donc, après un siècle ou deux,
Cette race non altérée,
Tant avec soin l'on y veillait,
De tout point enfin se trouvait
Très pure et très dégénérée.
Chaque enfant sans vigueur naissait,
Avec grand'peine on l'élevait :
Rarement même on en faisait :
La race était prête à s'éteindre ;
Un seul enfant mâle restait.
On trouve également à craindre
Qu'un sang et si pur et si vieux,
Si vanté dans la Germanie,
Et si digne de ses aïeux,
N'expire ou ne se mésallie.
A sa cousine on le marie.
Cet hymen qui convient si bien
Pour l'honneur de la baronnie,
Et pour la généalogie,
En physique ne valait rien.
Pas un enfant il n'en provient :

C'est très vainement qu'à sa femme
L'époux fait et refait souvent
Le saint devoir qu'elle réclame,
Il n'en peut avoir un enfant.
Il s'en afflige, et fête et prie
Tous les saints de la Germanie.
Les vieux parents s'en désolaient,
Et juraient même qu'ils feraient
Pèlerinage en Italie,
Si leur nièce grosse ils voyaient.
Vœux superflus : dans leur colère
Au pauvre époux ils s'en prenaient
Et très souvent lui reprochaient
D'ignorer ce qu'il fallait faire :
Tant fut ce mot dit et redit,
Qu'outré d'orgueil et de dépit,
Un jour le pauvre époux saisit
De sa femme la chambrière ;
Et quoiqu'elle fût roturière,
Il daigna par un doux conflit
Croiser sa race noble et fière
Avec la race humble et vulgaire
Qui dans le village naquit.
L'union très bien réussit.
La fille incessamment lui dit
Que bientôt elle sera mère.

L'ART DE FÉCONDER ET D'AMÉLIORER LES ESPÈCES

L'époux, qu'un tel discours ravit,
Court à sa femme, à sa famille :
Il montre cette jeune fille :
« Voyez-vous ce sein qui grossit,
Ce jupon qui se raccourcit,
Ce flanc qui déjà s'arrondit ?
C'est moi qui ce bien produisis.
Je sais très bien ce qu'il faut faire,
Et malgré tout ce qu'on a dit,
De cet enfant je suis le père.
Ce n'est donc pas ma faute, à moi,
Si malgré la commune loi,
Madame ne peut être mère. »
Madame n'était pas moins fière
Que son époux. Elle se tut ;
Mais tout bas elle résolut
D'éclairer un pareil mystère.
La famille, qui s'éleva
Contre elle et qui lui reprocha
De n'être qu'un meuble inutile,
Un cœur froid, un sillon stérile,
Son grand projet accéléra.
Or donc, à quelques jours de là,
Son noble époux elle imita :
Et pour s'allier ne chercha
Le plus illustre gentilhomme,

Le plus grand baron du pays,
Un Artaban, un Amadis;
Mais le plus vigoureux jeune homme,
Le plus frais, le plus rubicond,
Qui se trouva dans le canton :
C'était un simple bûcheron.
Madame aimait beaucoup la chasse,
Les eaux, la profondeur des bois;
S'égarait même quelquefois;
Et d'errer n'était jamais lasse.
A ce plaisir un mois se passe :
Puis un jour elle parle ainsi
Au baron devant sa famille :
« Si je n'ai pu jusques ici
Avoir de vous ou fils ou fille,
Ce n'est pas ma faute : de ceci
Il ne faut pas que l'on me gronde
Comme une autre je suis féconde;
Car, enfin, je suis grosse aussi. »
L'époux eut bien quelque surprise,
Mais la famille témoigna
Tant de joie, et tant l'embrassa,
A la baronne demanda
Tant de pardons de sa méprise,
Que le mari se rassura.
La femme bientôt lui donna

Un enfant si gros, si robuste,
Que depuis plus de deux cents ans
Nul dans cette famille auguste
N'avait eu de si beaux enfants.
Tous les vassaux le visitèrent;
Les cloches du château sonnèrent,
Les arquebuses se tirèrent,
Les valets et les paysans
Des larmes de joie en versèrent,
Et de mauvais vin s'enivrèrent.
Quand Madame vit le plaisir
Qu'elle causait à tout le monde,
Elle assura qu'à l'avenir
On la verrait souvent féconde;
Et pas n'y manqua. Tous les ans
Elle fit un ou deux enfants.
Ainsi, grâce à ses soins prudents,
Fut régénérée la famille.
Tout l'imita depuis ce temps:
La fille et la petite-fille
De ses arrière-descendants
Sans rien dire croisent leur race;
Chacune habilement remplace
Un germe faible par un fort.
Ainsi cessa le grand discord
Qui troublait cette race antique.

La paix y règne, et maintenant
Grand-père, époux, mère, parent,
Tout est heureux, tout est content :
Et l'arbre généalogique
De branche en branche va croissant :
C'est très bien fait assurément ;
Je les approuve et les estime,
Et de cet art régénérant
Je suis loin de leur faire un crime.
Un jour, ayant lu ces vers-ci,
Monsieur, de votre erreur souffrez qu'on vous défasse,
Me dit un vieil enfant de l'antique Lévi.
On doit des animaux toujours croiser la race,
Mais il faut avec l'homme agir tout autrement,
Et toujours marier sa fille
Avec son plus proche parent.
Ainsi du bon Jacob prospéra la famille.
— Oui, vous avez raison, l'exemple est excellent.
Votre race est fort belle, et noble et généreuse ;
Au physique, au moral, en tout elle est fameuse,
Et de se faire aimer a surtout le talent.
Jadis, malgré vos lois, elle était peu nombreuse :
Aujourd'hui, dispersée en cent climats divers,
Vous avez des parents dans tout cet univers :
En dépit des rabbins votre race est croisée ;
Et même avec la nôtre elle est apprivoisée.

Plus d'une Israélite a permis qu'en secret
Un chrétien possédât ses appas judaïques.
Que ce soit là pécher, j'en ai bien du regret,
Les corps en sont plus sains, les cœurs moins fanatiques.
Nous disputions en vain sur chaque opinion ;
Moins faites pour l'erreur, les femmes sont plus justes ;
Avoir de beaux enfants, nés de mâles robustes,
  Est leur grande religion. »
Gudin.

LES OUVRAGES DE MÉDECINE

 Si vous prêtez un ouvrage à Célie,
Où des traits médicaux puissent blesser le lecteur,
  Avec grand soin elle vous prie
De marquer les endroits qui blessent la pudeur.
Sa vertu, dites-vous, mérite qu'on l'admire.
  Non : je sais le dessein qu'elle a ;
  Ce n'est point pour ne pas les lire.
  C'est pour ne lire que ceux-là.
Lebrun.

LA COCA

Il est, je vous en avertis,
Un vin redoutable aux chloroses,
Qui refleurit d'exquises roses
La pâleur de nos chers petits.

Comme il rend à ces pauvres anges
L'aimable fraîcheur du rosier,
Il leur donne aussi le gosier
Dur et flexible des mésanges.

Pour moi, qui suis haut en couleur,
Je puis m'en passer, je l'avoue;
Mais il me plaît fort que ma joue
Eclipse la pivoine en fleur.

Depuis que mes cordes vocales
Ruissellent de ce noble vin,
Elles ne luttent pas en vain
Contre les divines cigales.

LA COCA

Bacchantes aux pieds délicats,
Blanches comme de jeunes cygnes,
Avec les grappes de nos vignes,
Foulez la plante des Incas !

Pressez les feuilles savoureuses
Pour Angelo Mariani.
Vous par qui le deuil est banni,
Folles bacchantes amoureuses...

Maurice Bouchor.

LA MÉDECINE AVEUGLE

Lorsque la fièvre et ses brûlantes crises
Ont de notre machine attaqué les ressorts,
Le corps humain est un champ clos alors,
Où la nature et le mal sont aux prises.
Il survient un aveugle appelé médecin ;
Tout au travers il frappe à l'aventure ;
S'il attrape le mal il fait un homme sain :
Et du malade un mort s'il frappe la nature.

Lemierre.

A LA SORBONNE

Deux tondus, un pelé, dans la salle exiguë
Font un cadre assez maigre au savant professeur :
Vieille Anglaise cherchant partout une âme sœur ;
Rentier ventru ; bohème à l'allure ambiguë.

Le maître, un petit sec, parlotte avec douceur,
Mais il tient dans sa main jaune une lame aiguë
Dont il montre un lapin qui, devant la ciguë,
Calme, comme Socrate, a l'oreille en casseur.

Dans la muette chair le scalpel crie, et l'homme,
Elève de lui-même et de Claude Bernard.
Découpe l'animal comme on taille une pomme.

— L'auditrice, sensible, entr'ouvre un œil hagard ;
Un des auditeurs ronfle, et l'autre songe en somme
Que, sauté, le lapin serait meilleur au lard.

Henri SECOND.

UNE CONSULTATION DE RICORD

Blessé par les baisers de Vénus impudique,
L'œil éteint, tête basse, un tout jeune gommeux
Entra dans ce salon où le mal d'Amérique
Dirigeait chaque jour un flot de malheureux,

Et montrant son objet qu'un sourd phagédénique
Trop gourmand a rongé jusqu'aux corps caverneux :
« On m'assure, dit-il, que pour remède unique,
Vous me le trancheriez ?... Maître !... Est-ce sérieux ? »

Et du bout de son doigt soulevant cette tête
Qui, jadis, vers les cieux !... maintenant violette,
Retombe tristement..... Ricord dit.... « Le couper?

Moi ?... Jamais !... — Quel bonheur... Cher docteur, je...
Mais lui... continuant avec son fin sourire :
— ... A quoi bon le couteau ?... Tout seul, il va tomber ! »

Dr Gelineau.

LA PREMIÈRE FOIS

Jeune tendron, pour la première fois,
Goûtoit des fruits amers de l'Hyménée :
La pauvre enfant se crut presque aux abois,
Quand mit au jour sa trop chère lignée.
Son compagnon qui la voyoit souffrir :
« Ma chère Agnès, lui dit-il, je te jure
Que dans la suite, aimerois mieux mourir
Qu'ainsi te faire endurer la torture. »
La dame alors, regardant son époux,
Lui repartit : « Ah! pourquoi pleurez-vous ?
Quoi, ce rien-là, mon fils, vous effarouche ;
Je n'ai besoin de si grande pitié.
Las! on m'a dit qu'à la seconde couche,
Le mal n'était si grand de la moitié. »

LA PREMIÈRE FOIS

LE VER SOLITAIRE

Bien avant que Fourier rêvât le Phalanstère,
Bien avant Saint-Simon et le Père Enfantin,
Dans les retraits ombreux du petit intestin
Le Solium déjà pratiquait leur chimère.

Un cestoïde obscur, un simple entozoaire
Avait constitué l'État républicain.
Martyr voué d'avance au remède africain,
Salut, fils de Scolex, pâle et doux solitaire !

Tes anneaux, dont chacun forme un ménage uni,
Sur un boyau commun prospèrent à l'envi,
L'un à l'autre attachés, pas plus sujets que maîtres.

Oui, c'est un beau spectacle, et l'on doit respecter,
Le sentiment profond qui me pousse à chanter
En vers de douze pieds le ver de douze mètres.

Camuset.

LA DENT DE SAGESSE

L'autr' jour, en m'éveillant
J'sentis un mal cuisant ;
Margot m'dit : J'vois c'qui t'blesse,
C'est une dent d'sagesse !
Sans plus tergiverser
Faut t'la faire arracher.

Je pensais qu'en marchant
Ç'a f'rait descendr' le sang...
J'arriv' devant l'dentiste ;
V'là la rage qui persiste.
Je m'dis : Y faut monter
Et m'la faire arracher.

Je grimpe l'escalier,
J'arriv' sur le palier,
Près d'tirer la sonnette,
J'sens qu'ma douleur s'arrête,
Je m'dis : J'vas m'en aller
Sans m'la faire arracher.

En passant d'vant l'portier,
Je me r'mets à crier ;
Y m'dit : Montez sans crainte,
Car pour la somm' restreinte
De trois francs à payer
On va vous l'arracher !

Cett' fois pour tout de bon
Je tire le cordon.
— Entrez, me dit la bonne,
Y gn'a presque personne...
Le bourgeois sans tarder
Va v'nir vous l'arracher !...

Quand mon tour fut venu
Le dentiste apparut ;
Il me dit d'un' voix dure
En r'gardant ma figure :
Prenez la peine d'entrer
Je vas vous l'arracher !

Sur un fauteuil en cuir
Y m'fait sign' de m'assir,
Puis il m'ouvre la bouche ;
Là-d'ssus, moi, v'là que j'louche.
Y a plus à reculer,
Y va me l'arracher !

Alors y m'fourr' dedans
Un énorme instrument,
Avec un manch' d'ivoire,
Qui m'tourn' dans la mâchoire,
J'manqu' de m'évanouiller.
Y v'nait de m'l'arracher.

J'dis tout d'même merci,
Quand j'm'aperçois, Cristi !
Qu'il s'est trompé d'molaire,
Et que douleur amère,
C'est la dent d'à côté
Qu'il vient de m'arracher.

J'm'écri' : Cré nom de nom !
Ça n'fait rien, qui m'répond,
Car pour la même somme,
Si vous voulez, jeune homme,
Nous allons r'commencer,
J'vas vous la r'arracher.

Mais alors, pour le coup,
J'prends mes jamb's à mon cou,
Et je crie au dentiste
Qui s'élance à ma piste :
Mon vieux, tu peux t'fouiller,
J'men f'rai pus arracher.

Après cet évén'ment
J'ai remporté ma dent;
La voici toute blanche
Ainsi qu'une pervenche.
Pour mieux la conserver,
J'vas la faire encadrer.

La moral' de c'récit,
J'vas le dire ici :
C'est qu'lorsqu'un'dent vous gêne,
La chose est bien certaine,
Vaut mieux la fair' plomber
Que d'la faire r'arracher

✷✷✷

L'OCULISTE

Il faut m'envoyer votre époux,
Disait un fameux oculiste,
De ses cures montrant la liste
A la femme d'un vieux jaloux.
Dieu m'en garde! répliqua-t-elle,
Vos talents me coûteraient cher;
Au moindre bruit il me querelle;
Que ferait-il s'il voyait clair!

✷✷✷

MASSAGE

Dans les nuits sans sommeil, l'amour vous a blêmie
Et vos chairs ont perdu leur tonus, ô ma sœur !
Maintenant il vous faut confier au masseur
Les trésors alanguis de votre anatomie.

Ointes d'une huile ambrée, effort de la chimie,
Ses mains, en qui la force épouse la douceur,
Pressent le grand dorsal, malaxent l'extenseur.
Pour des combats nouveaux vous voilà raffermie.

Jadis, votre docteur, plein de calme aujourd'hui,
Massait fougueusement sur des lits de pervenches...
Il opère à présent pour le compte d'autrui.

Tel, plongeant ses bras nus au sein des pâtes blanches,
Le gindre enfariné, dévêtu jusqu'aux hanches,
Pétrit des petits pains qui ne sont pas pour lui.

Camuset.

Dame Catelle et son gendre.

LE VAGINISME

Lucas épousait Fanchonnette.
Neufs tous les deux au doux jeu d'amourette,
Ils s'épousaient pour s'épouser,
Ne connaissaient que le prix d'un baiser,
Et rien de plus. Au retour de l'église,
Dame Catelle, en femme bien apprise,
Prend Luc à part, lui donne des avis,
Et voit dans ses yeux ébahis

Se peindre le désir ainsi que la surprise.
    On soupe, on danse, on se couche, et Lucas
    Ne fait qu'un saut du pavé dans les draps,
        Puis sur le sein de Fanchonnette...
Ce fut en vain : le diable assurément
      S'en mêla : la jeune fillette
    Avait encor (chose rare à présent)
    Certain oiseau qui, dit-on, ne s'envole
Que quand il est pourvu d'une queue, et l'oiseau
    A coup de bec blesse le jouvenceau.
    Ce pauvre Luc ! c'est en vain qu'il accole
    Son épousée, en vain il est en eau.
      Il ne peut pas passer la banlieue.
  Messire oiseau fait le petit mutin,
  Messire oiseau ne veut point de sa queue,
  Messire oiseau mord comme un vrai lutin.
  « Oh ! qu'est ceci ? dit à part soi le drôle,
  Le vilain mord ! on ne m'avait instruit
  Qu'il eût des dents, et si l'on me l'eût dit,
  Onc d'un mari je n'eusse fait le rôle.
  Voyez un peu le vilain comme il mord ! »
Cela dit, maître Luc se retourne et s'endort.
    Le lendemain, à madame Catelle
    Lucas se plaint : « Vous ne m'aviez pas dit
    Que votre fille eût des dents... — Quoi, dit-elle,
      Mon gendre, mais tu perds l'esprit.

N'en as-tu pas aussi, toi ? — Dans la bouche.
— Hé bien ? — Hé bien ! Fanchonnette, elle, en a...
Ça m'a mordu jusqu'au sang tout par là ;
  Aussi, si jamais j'y retouche !
— Vous êtes fou. — Non, parbleu ! le voilà.
Voyez si j'ai menti. — Benêt, reprit Catelle,
  C'est un signe qu'elle est pucelle,
  Tu te plains d'être trop heureux.
 Viens avec moi, dès cet instant je veux
  Te faire voir ta balourdise. »
Ils vont au lit, où Fanchon en chemise
Dormait encor, ayant passé la nuit
  Fort mal, sans doute. « Or çà, sans bruit,
 Dit la maman, relève un peu ce voile. »
Et Lucas dit, en soulevant la toile :
« Après. — Entr'ouvre un peu, bon, regarde dedans.
 — Eh bien ! voyez, avec votre harangue,
  J'ai bien dit qu'il avait des dents,
  Ne v'là-t-il pas déjà la langue ? »

PLANCHER DE VALCOURT.

LE MÉDECIN SÉVÈRE

Pour un mal très léger, le médecin Garus
Ordonnait à Mélisse une diète austère :
De l'eau, quelques bouillons, c'est assez, rien de plus :
« Jeûnez, pour vous guérir c'est le point nécessaire.
Gardez-vous des plaisirs ; je vous les défends tous,
Ne vous y livrez pas, même avec votre époux. »
Il dit, se lève, tousse, et, courbé sur sa canne,
Il sort, très bien payé par celle qu'il condamne
  A se priver des trésors les plus doux,
  A vivre comme vit sur sa tige une plante
Qu'on arrose avec soin et qu'un peu d'eau sustente.
  Son élève lui dit, quand il fut retiré :
« Ce jeûne me surprend ; une extrême abstinence,
  Une excessive continence
Echauffent beaucoup plus le sang mal préparé,
Que ne fait des plaisirs l'usage modéré.
Et ces enfants tondus de l'épaisse ignorance
Dans leurs cloîtres cachés, les moines, les nonnains,
Ont des maux quelquefois inconnus des humains.

— Je le sais, dit Garus ; mais mon expérience
M'apprend qu'on ne suit pas toujours notre ordonnance.
Si je défendais peu, l'on se permettrait tout.
   Croyez que, malgré ma défense,
Je n'empêcherai pas qu'on n'en use, et beaucoup. »

Gudin.

SUR UN CURÉ ET UN FRATER

Certain curé, grand enterreur de morts,
Au chœur assis, récitait le service.
Certain frater, grand disséqueur de corps,
Tout vis-à-vis chantait aussi l'office.
Pour un procès tous deux étant émus,
De maudissons lardaient leurs oremus.
« Hum ! disait l'un, jamais n'entonnerai-je,
Un *requiem* sur cet opérateur !
— Dieu paternel, dit l'autre, quand pourrai-je,
A mon plaisir disséquer ce pasteur ? »

J.-B. Rousseau.

UN VIOL

    Dans une officialité,
    Ces jours passés, une soubrette,
    Passablement belle et bien faite,
    Et d'une robuste santé,
Avec la bienséance ayant fait plein divorce,
Dit qu'un vieux médecin l'avait prise par force,
Qu'il fallait ou le pendre ou qu'il fût son mari.
« Et comment, dit le juge, a-t-il pu vous y prendre?
Vous êtes vigoureuse, il fallait vous défendre,
L'avoir égratigné, dévisagé, meurtri.
    — J'ai, monsieur, répondit-elle,
    De la force quand je querelle,
    Mais je n'en ai pas quand je ris. »

                                    BOURSAULT.

LA SAGE-FEMME

Des nouveau-nés sortent d'entre les choux
Sur une plaque en tôle vernissée,
Qu'on aperçoit à bien des murs vissée
Solidement; — angoisse des époux!

Fières, jadis, de votre ventre plat,
Vierges, au bras d'amoureux platoniques,
Vous avez ri, contemplant, ironiques,
La sage-femme à robe chocolat.

Le temps a fui des amours primitives
Où vous fermiez, comme des sensitives
Ferment leurs fleurs, vos lèvres à l'amant.

Fini de rire! Et les enseignes peintes,
Portant les mots : *Maison d'accouchement*
Dansent aux yeux des fillettes enceintes.

Jean AJALBERT.

LA COLÈRE

Un beau jour, certaine comtesse,
Vivant depuis longtemps loin du toit conjugal,
Se vit en état de grossesse
Et s'écria soudain : « Quel est donc l'animal,
L'insigne maladroit, le belitre, le drôle,
Qui m'a joué ce vilain tour ?...
Si je l'apprends, sur ma parole !
Il n'y reviendra pas ; je le dis sans détour. »

Alfred DE BOUGY.

LA PIERRE

Certain ministre avait la pierre :
On résolut de la tailler ;
Chacun se permit de parler,
Et l'on égaya la matière.
« Mais comment, se demandait-on,
A-t-il pareille maladie ?
— C'est que son cœur, dit Florimont,
Sera tombé dans la vessie. »

SAINT-JUST.

LA COLÈRE DE LA COMTESSE

BONBON LAXATIF

Je suis un aimable hypocrite,
Car je mens pour faire le bien.
Je n'ai qu'un but et qu'un moyen :
Plaire d'abord, guérir ensuite.
Blanche comme une stalactite,
Ma robe en sucre dit combien
Je séduis le petit chrétien
Pris par la gourme ou l'entérite.
Craintive à l'ombre du danger,
La maman court me mélanger
A d'autres bonbons moins sévères.
Mais Dieu guide le cher enfant,
Il me choisit, m'avale et rend
Le calme à ses petits viscères.

CAMUSET.

LE PRINCE ET LE MÉDECIN

Un prince, en voyageant, pour son plaisir sans doute,
  Peut-être aussi pour sa santé
(Il n'importe lequel), tomba malade en route.
C'était près d'un village ; il y fut transporté.
  Très grave était sa maladie,
  Elle exigeait de prompts secours,
  Tout annonçait l'apoplexie ;
  A la saignée on eut recours.
Comme il tendait le bras au médecin de province
  Qu'on venait de faire appeler :
  « Ne tremblez pas, lui dit le prince.
— Moi, monseigneur ? C'est à vous à trembler. »

        AGNIEL.

LE PRINCE ET LE MÉDECIN

ÉPILOGUE

LA CONGESTION CÉRÉBRALE

Un soir qu'il se sentait la visière moins nette,
Mon grand oncle Bernard vert encor, mais très vieux
S'inspirant d'un menu savant et copieux
Fit largement honneur aux talents de Jeannette.

Puis son menton posa plus lourd sur la serviette,
Un cœur de feux follets dansa devant ses yeux
Et son âme quittant la table pour les cieux
Il mourut doucement le nez sur son assiette.

Seigneur, Seigneur mon Dieu, je suis à vos genoux,
Ecoutez un pêcheur qui tremble devant vous
Et vous redoute autant qu'il craint l'anorexie.

Quand je serai plus vieux que mon oncle et plus bas,
Comme dernier dessert à mon dernier repas,
Accordez-moi, Seigneur, la douce apoplexie.

Camuset.

TABLE DES MATIÈRES

Préface.	1
Prologue.	1
Sur une fille qui avoit la jaunisse	3
La Consultation médico-légale.	4
Midi-Ricord.	10
La Morsure hyménéale.	11
Le Mal d'enfant.	13
La Grossesse.	14
Lourcine (côté des dames)	17
Saint-Louis (côté des hommes)	18
Les Commandements du médecin.	19
La Malade.	21
Les Couches multiples.	22
Le Mal d'aventure.	27
Les Couches faciles.	30
La Cure merveilleuse.	31
Le Cataplasme.	32
Fragment sur le nez.	33
Utilité de la poste.	34
Le Médecin.	34

Sonnet patho-mythologique.	37
Le Chapelier lubrique	38
L'Avortement.	39
La Connaissance des sexes	40
Les Commandements de Lucine.	44
Les Cautères	45
L'Air natal.	46
La Fécondité	48
La Visite académique	51
L'Apothicaire physionomiste	53
Vierge et martyre.	54
Le Mercure et le Marseillais.	55
La Goutte	55
Traitement de la stérilité.	56
Le Clou.	58
A une jeune Fille atteinte d'acné pudendi	59
Les Apothicaires de 1793.	60
Ricordiana.	60
Conseil aux buveurs d'absinthe	63
Chlorose.	64
La Prière des vérolés.	65
Tableau anatomique	70
La Femme compatissante.	72
Épitaphe de M. Chevreuil	72
La Magalanthrogénésie.	73
Les deux Docteurs jumeaux	76
La Friandise médicale	77
L'Ingénue hermaphrodite.	78
Un Remède contre la boulimie.	81
Le Prix d'un œil	83
La Digestion.	83
Une Plaisanterie d'accoucheur.	84
La Tête et les Dents.	84
La Couche.	85
La Scoliose.	86
Le Délai légal.	87
La Fin d'un rêve.	88

Désir de emme grosse.	89
Monorchydie	90
La nouvelle Accouchée.	91
La Douleur de l'époux.	92
L'Urologie.	95
Un Mot qui offense l'ouïe	97
La Blennorrhagie	98
Remède contre les puces	100
Le Poupon.	101
L'Irrigateur.	102
La Confession d'une nymphomane.	103
Êtes-vous circoncis ?.	109
Le Borgne.	112
Le Moment propice	113
L'Origine de la barbe	114
Lazare.	117
La nouvelle Pharmacopée.	118
Idylle anatomique.	122
La Génération spontanée.	124
L'Accouchement prématuré.	129
L'Erreur du boucher.	130
La Grossesse excusable.	132
Médecine légale.	135
Dichotomie.	136
La Syphilis cutanée	137
Ouvrage difficile à traduire.	138
Du Signe certain de la mort	139
Bandages et Appareils	140
Les Propriétés du tabac	142
L'Œil d'un magister.	146
La Méprise.	147
Le Régime.	155
Le Rhume de cerveau	156
La Femme malade.	157
Maladies secrètes	164
Combien ?	165
Enema	166

La fausse Couche	167
Le Rival dangereux	167
Phthirius pubis	168
Le Spéculum	169
La Fistule	170
Les Devoirs du mari	172
L'Huile calmante	173
L'Inconvénient d'être borgne	182
Dialogue intra-utérin	183
L'Embryon	184
Le Médecin du roi	187
Préservatifs	188
La Précaution	189
Le Lait d'ânesse	191
Plaintes d'un gonorrhéique	192
Les Propriétés du vin	193
La Femme de Claude	195
La Capillarité	196
Traitement de la goutte	197
Perrault de médecin devenu architecte	198
Le Vin et la Goutte	201
A Malthus	202
L'Homme qui ne finit rien	203
Principes sur les accouchements	204
Secret pour la vue	205
La Calvitie	206
Blennorrhagie	209
Description anatomique	210
L'Accord médical	211
Le Dentiste	212
L'Avare et le Clystère	215
L'Équivoque	216
Échange	216
Le Nombre des médecins	217
L'Excès de la douleur	219
Traitement érotique	220
L'Age légal	221

TABLE DES MATIÈRES

Le Choix d'une statue 222
L'Art de féconder et d'améliorer les espèces 226
Les Ouvrages de médecine 235
La Coca 236
La Médecine aveugle 239
A la Sorbonne 240
Une Consultation de Ricord 241
La première fois 242
Le Ver solitaire 245
La Dent de sagesse 246
L'Oculiste 249
Massage 250
Le Vaginisme 251
Le Médecin sévère 254
Sur un Curé et un Frater 255
Un Viol 256
La Sage-femme 257
La Colère 258
La Pierre 258
Bonbon laxatif 261
Le Prince et le Médecin 262

ÉPILOGUE : La Congestion cérébrale 265

ÉVREUX, IMPRIMERIE DE CHARLES HÉRISSEY

www.ingramcontent.com/pod-product-compliance
Lightning Source LLC
Chambersburg PA
CBHW050636170426

43200CB00008B/1048